# CONVIÉRTASE EN
# CIUDADANO
# AMERICANO

P9-DFS-137

# CONVIÉRTASE EN CIUDADANO AMERICANO

DEBBIE M. SCHELL
RICHARD E. SCHELL
KURT A. WAGNER
**ABOGADOS**

**SPHINX® PUBLISHING**
AN IMPRINT OF SOURCEBOOKS, INC.®
NAPERVILLE, ILLINOIS
www.SphinxLegal.com

© Derecho de autor 2007 por Debbie M. Schell, Richard E. Schell, y Kurt A. Wagner
Portada y diseño © 2007 por Sourcebooks, Inc.®

Derechos reservados. Este libro no se puede reproducir ni total ni parcialmente en ninguna forma ni por medio de ningún medio electrónico o mecánico incluidos sistemas para el almacenaje y la busca de información—con excepción de citas breves comprendidas en artículos o crónicas—sin autorización por escrita de la editorial, Sourcebooks, Inc.® Se otorga licencia a las personas que adquieran este libro a dedicar los formularios incluidos para su propio uso. No se efectúan reclamaciones de copyright por ninguno de los formularios gubernamentales que se utilizan en esta obra. Para la traduccion de esta obra al español se han consultado Simon & Schuster's International Spanish Dictionary Second Edition © Macmillan 1997, Larousse Gran Diccionario Ediciones © Larousse 1983, y West's Spanish-English English-Spanish Law Dictionary © West Group 1992. No hay nada en este libro que implique o que pueda ser interpretado como que se está creando una relación de abogado a cliente entre el lector y el autor, Sourcebooks, o cualquier agente mencionado.

Primera Edición: 2007

Publicado por: **Sphinx® Publishing, Impresión de Sourcebooks, Inc.®**

Naperville Office
P.O. Box 4410
Naperville, Illinois 60567-4410
630-961-3900
Fax: 630-961-2168
www.sourcebooks.com
www.SphinxLegal.com

Esta publicación está destinada a proporcionarle información correcta y autorizada respecto a los asuntos tratados. Se vende entendiéndose que la editorial no se compromete a suministar servicios legales o contables, ni ningún otro tipo de servicios profesionales. Si se requiere asesoramiento legal u otro tipo de consulta profesional, se deberán contratar los servicios de un profesional competente.

*De una Declaración de Principios aprobada conjuntamente por un Comité de la Asociación Americana de Colegios de Abogados y un Comité de Editoriales y Asociaciones*

**Este libro no reemplaza la ayuda legal.**
*Advertencia requerida por las leyes de Texas.*

**Library of Congress Cataloging-in-Publication Data**

Schell, Debbie M.
  Convirtase en ciudadano Americano / por Debbie M. Schell, Richard E. Schell, y Kurt A. Wagner. — 1. ed.
    p. cm.
  ISBN-13: 978-1-57248-602-7 (pbk. : alk. paper)
  ISBN-10: 1-57248-602-3 (pbk. : alk. paper) 1. Naturalization—United States—Popular works. 2. Citizenship—United States—Popular works. I. Schell, Richard E. II. Wagner, Kurt A. III. Title.

KF4710.Z9S3418 2007
342.7308'3—dc22

                                                        2007023767

Printed and bound in the United States of America.

SB — 10 9 8 7 6 5 4 3 2 1

R0411395098

# AGRADECIMIENTOS

Los autores de esta guía no podrían haber completado este libro sin la generosa contribución de tiempo, apoyo y consejos de muchas personas. Quisiéramos aprovechar esta oportunidad para agradecer a todas aquellas personas cuyas contribuciones son muy apreciadas. Deseamos agradecer a Andrea, Anna Lena, Nathan y Christopher. También deseamos dar nuestro agradecimiento a Bruni y Doreen por su apoyo ilimitado y pos sus cuantiosas contribuciones.

Más aun, deseamos extender un agradecimiento especial a Erin Shanahan y Lisa Findley de Sourcebooks por su paciencia y por su respaldo a este proyecto.

# ÍNDICE

# INTRODUCCIÓN:

## VISIÓN GENERAL DE LA CIUDADANÍA ESTADOUNIDENSE Y DEL PROCESO DE NATURALIZACIÓN

*¿Por qué convertirse en ciudadano estadounidense?*

*¿Cuáles son los requisitos necesarios para convertirse en ciudadano estadounidense?*

*¿Puedo convertirme en ciudadano estadounidense, aún sin tener la tarjeta de residencia permanente?*

*¿Qué tan pronto después de obtener la tarjeta de residencia permanente puedo solicitar la ciudadanía estadounidense?*

*¿Afecta mi comportamiento pasado el poder hacerme ciudadano?*

*Si me caso con un ciudadano estadounidense, ¿me convierto automáticamente en ciudadano estadounidense?*

*Si mi hijo nace fuera de los Estados Unidos, ¿es ciudadano estadounidense siendo yo ciudadano estadounidense?*

Esta guía práctica responde a estas preguntas, además de muchas otras sobre el tema de convertirse en ciudadano estadounidense. Esta guía también proporciona consejos y sugerencias para cualquier persona que necesite información, ayuda o los formularios necesarios para la solicitud de la ciudadanía estadounidense.

Esta guía está enfocada hacia la obtención de la ciudadanía a través del proceso de naturalización. La naturalización es el camino a la ciudadanía que utilizan los residentes permanentes legales (también llamados residentes permanentes o portadores de la tarjeta de residencia permanente). Naturalizarse significa que alguien que no nació en los Estados Unidos es elegible para hacerse ciudadano estadounidense y lo hace siguiendo los pasos necesarios y llenando los papeles apropiados según lo requerido por el gobierno de los Estados Unidos.

Antes de que usted pueda solicitar la ciudadanía estadounidense, debe haber obtenido antes la residencia permanente por un periodo de tiempo. En algunos casos, debe haber sido residente permanente durante al menos cinco años antes de poder solicitar la ciudadanía, y en algunas situaciones usted necesita haber sido residente permanente durante tres años y medio antes de solicitar la ciudadanía. Aunque no es obligatorio que un residente permanente se haga ciudadano, muchos encuentran que hay beneficios asociados con ser ciudadano de los cuales ellos también querrían disfrutar. Por ejemplo, a los ciudadanos estadounidenses se les permite votar en las elecciones federales, solicitar trabajos federales, postularse a cargos de elección popular y obtener pasaportes estadounidenses.

Una vez que usted haya decidido si quiere hacerse ciudadano estadounidense, usted debe asegurarse que cumpla con todos los requisitos de elegibilidad. Para poder ser elegible para la naturalización, usted debe satisfacer varios requisitos, como por ejemplo:
• residencia;
• presencia física en los Estados Unidos;
• edad apropiada;
• buen carácter moral;

- lealtad a la constitución estadounidense;
- habilidad adecuada del idioma inglés; y,
- conocimientos de la historia y del gobierno de los Estados Unidos.

Una vez cumplidos los requisitos básicos, usted está listo para comenzar el proceso de solicitud de naturalización. El Servicio Estadounidense de Ciudadanía e Inmigración (United States Citizenship and Immigration Service, USCIS) requiere que ciertos formularios, documentos e información sean enviados cuando usted envíe su solicitud de naturalización. Los formularios, documentos e información requerida deben ser enviados en un orden particular y a su debido tiempo según las reglas y reglamentos del Servicio Estadounidense de Ciudadanía e Inmigración (United States Citizenship and Immigration Service, USCIS). Hay costos asociados con la solicitud de naturalización. Estos costos varían dependiendo de quién sea el solicitante, la edad del solicitante y bajo cuál categoría el solicitante es elegible para solicitar la ciudadanía. USCIS también tiene reglas específicas sobre adónde debe ser enviada su solicitud de naturalización. Por lo general, esto depende de quién es el solicitante y de dónde vive esa persona.

El envío de la solicitud de naturalización no es el fin del proceso. Después de que ha enviado su paquete de solicitud y que el mismo ha sido aceptado, usted recibirá una notificación para presentarse a sacarse las huellas dactilares y para una entrevista en persona con un oficial de USCIS. Durante esta entrevista, le preguntarán detalles de su solicitud, su habilidad con el idioma inglés, su lealtad a la constitución estadounidense y su conocimiento sobre la historia y el gobierno estadounidenses.

Si todo va bien en la entrevista, y si los resultados de las huellas dactilares no presentan problemas de orden criminal que le impedirían volverse un ciudadano estadounidense, su solicitud de naturalización será aprobada. Sin embargo, hay otro paso que debe completar. Después de que su solicitud ha sido aprobada, usted será citado a participar en una ceremonia de juramento, en la cual deberá hacer jurar, firmar papeles y recibir su certificado de naturalización, indicando que usted es a partir de ese momento, un ciudadano de los Estados Unidos.

A pesar de que esta guía es minuciosa y que contiene mucha de la información necesaria para navegar en el proceso de naturalización, ha sido escrita para que usted pueda entender rápida y fácilmente los requisitos de elegibilidad, la documentación requerida, los pasos necesarios para completar el proceso. El uso de abreviaciones y siglas ha sido evitado en lo posible, para que el lector no tenga que buscar continuamente los nombres de las organizaciones y agencias. Esta guía también contiene varios apéndices que proveen la información más al día y actualizada con respecto a los formularios y las páginas de Internet necesarias. Finalmente, esta guía contiene muestras de los formularios y documentos que son necesarios para el proceso de solicitud de la naturalización.

Sin embargo, una advertencia (y también un pedido de ayuda)—los enlaces de Internet a veces son de corta vida. Puede que cambien sin notificación o simplemente desaparezcan. Cada día se agregan nuevos enlaces y páginas de Internet. Si usted encuentra un enlace que ya no existe, o si encuentra otros sitios en Internet que puedan ser de interés o ayuda a futuros lectores de este libro, por favor compártalos. Apreciaríamos mucho escuchar de usted. Envíe sus actualizaciones a:

Law Offices of Kurt A. Wagner, PC
780 Lee Street
Suite 102
Des Plaines, IL 60016
wagner@wagneruslaw.com
schell@wagneruslaw.com
www.WagnerUSLaw.com

*Debbie M. Schell*
*Richard E. Schell*
*Kurt A. Wagner*

# ADVERTENCIA Y CLÁUSULA DE EXCLUSIÓN DE RESPONSABILIDAD

Se ha hecho todo el esfuerzo posible para que esta guía esté tan precisa y actualizada como fuera posible, pero la precisión de la información que contiene esta guía no puede garantizarse ni por los autores ni por el editor. Las leyes y regulaciones migratorias cambian frecuentemente, a veces a diario, y pueden ocurrir errores tipográficos. Esta guía se vende para uso informativo únicamente; no establece relaciones entre abogado y cliente, ni sustituye el consejo legal. Basarse expresamente en la información de este libro queda a riesgo del lector. Usted debería consultar a un abogado de inmigración competente antes de tomar cualquier decisión o cualquier acción sobre temas migratorios.

# CAPÍTULO 1:
# ¿POR QUÉ HACERSE CIUDADANO ESTADOUNIDENSE?

Las personas se hacen ciudadanas por distintos motivos. Para algunos, es un objetivo de vida porque les atraen las cosas disponibles en los Estados Unidos, como una mayor libertad u oportunidad económica, o porque les atraen las ideas expresadas en la Declaración de la Independencia o la Constitución de Estados Unidos. Otros son influenciados por las ventajas prácticas de la ciudadanía estadounidense.

## VENTAJAS DE HACERSE CIUDADANO ESTADOUNIDENSE

Para muchas personas, la elección de inmigración hacia los Estados Unidos está motivada por el deseo de reunir a las familias. Por ejemplo, los residentes permanentes extranjeros pueden patrocinar a sus cónyuges e hijos menores de veintiún años. Sin lugar a dudas, el patrocinar a parientes es más fácil para un ciudadano que para individuos en cualquier otra categoría. También es mucho más rápido intentar traer a algún familiar para un ciudadano que para un residente permanente. Un ciudadano estadounidense puede patrocinar parientes, como padres y hermanos, mientras que un residente permanente no puede.

Los ciudadanos estadounidenses también disfrutan de mucha más libertad y facilidad para viajar hacia y desde los Estados Unidos. A pesar de los cambios recientes que requieren a los ciudadanos viajar con pasaportes a Canadá y México, los residentes permanentes siempre tuvieron que presentar mucha más documentación al viajar. Los ciudadanos estadounidenses también pueden permanecer fuera de los Estados Unidos por periodos de tiempo más largos en viajes de negocios o personales. De hecho, un ciudadano estadounidense puede vivir en otro país y permanecer ciudadano de los Estados Unidos. Un residente permanente extranjero que se queda fuera de los Estados Unidos por mucho tiempo corre el riesgo de perder la calidad de residente permanente.

Un ciudadano estadounidense también puede viajar a lugares donde un residente permanente no podría viajar sin antes asegurarse una visa. Por ejemplo, los residentes permanentes extranjeros pueden necesitar visas transitorias si necesitan pasar por un país mientras se dirigen a otro país. Sin embargo, puede que un ciudadano estadounidense pueda pasar por ese mismo país camino hacia otro país utilizando únicamente su pasaporte estadounidense. Por ejemplo, suponga que un residente permanente extranjero quisiera viajar al Reino Unido, pero el o ella querría volar sobre y quedarse en Canadá para una breve visita. Dependiendo de su país de origen, puede que Canadá le exija una visa para entrar. Un ciudadano estadounidense podría viajar al Reino Unido y Canadá solamente con su pasaporte estadounidense.

A pesar del debate sobre el requisito de una tarjeta de identificación nacional para ciudadanos estadounidenses, actualmente no hay ningún requisito que exija a los ciudadanos estadounidenses llevar consigo evidencia de su ciudadanía. Por el contrario, los residentes permanentes deberían llevar consigo su tarjeta de residencia permanente en todo momento. Como nota al margen, los residentes permanentes extranjeros deberían tener su actual tarjeta con ellos. Esto significa que tienen la tarea extra de asegurarse que la tarjeta esté actualizada y renovada.

Después del 11 de septiembre, una de las razones fundamentales que los abogados de inmigración han exhortado a las personas a hacerse ciudadanos es que como visitantes o residentes permanentes extranjeros, la posibilidad de ser obligado a salir de los Estados Unidos a través del proceso de deportación y extracción siempre existe. Aunque la persona haya vivido en los Estados Unidos por décadas, sea dueño de su casa, tenga familia y pague impuestos, la persona siempre correrá el riesgo de ser deportada por actividad criminal u otras violaciones migratorias. Un ciudadano estadounidense  en la misma situación puede enfrentar un panorama espantoso, incluyendo la posibilidad de pasar tiempo en prisión; sin embargo, al final, él o ella aún podría vivir en los Estados Unidos. Aunque sí existe la posibilidad de que una persona que se naturaliza pierda su ciudadanía, es muy poco común. Desafortunadamente, la situación más común es que el residente permanente corra el riesgo de ser deportado por actos criminales en los Estados Unidos.

Otra razón más por la que los abogados y activistas de inmigración han exhortado a las personas a hacerse ciudadanas es que solamente los ciudadanos estadounidenses pueden votar o postularse a cargos públicos. Si bien es cierto que solamente alguien nacido en los Estados Unidos puede ser presidente o vicepresidente de los Estados Unidos, hay muchos otros cargos políticos para los cuales puede ser electo un ciudadano naturalizado de los Estados Unidos. Los ciudadanos naturalizados pueden también votar en cualquier elección en la que los demás ciudadanos votan, asumiendo que estén registrados para votar y que cumplan con otros requisitos locales y estatales.

Los ciudadanos naturalizados  también pueden ser elegibles para solicitar trabajos en un amplio rango de cargos gubernamentales federales, estatales y a nivel del gobierno local, incluyendo aquellos que requieren autorización de seguridad. Por ejemplo, muchos individuos que trabajan para el gobierno federal como traductores, ven limitada su habilidad para realizar trabajos clasificados a menos que sean ciudadanos de los Estados Unidos. Algunas veces, los límites son puramente económicos. Los residentes permanentes también pueden encontrar dificultosa la obtención de ciertas licencias y permisos, incluyendo el poder ser propietario de armas de fuego en los Estados Unidos.

Hay otros dos beneficios disponibles a los ciudadanos estadounidenses. En primer lugar, los ciudadanos estadounidenses utilizan la fila de ciudadanos estadounidenses en los aeropuertos, la cual es frecuentemente mucho más rápida, y los ciudadanos estadounidenses también pueden usar las filas de ciudadanos estadounidenses en las embajadas y consulados estadounidenses. En segundo lugar, si hubiese una emergencia o desastre en un país extranjero, la embajada estadounidense tendrá como primera prioridad la protección y evacuación de todos los ciudadanos estadounidenses. Como tal, siempre existe la posibilidad que un residente permanente extranjero que se encuentre en la misma desafortunada situación, no tenga acceso al mismo nivel de asistencia.

Los ciudadanos estadounidenses también pueden registrarse para utilizar programas gubernamentales. Los ciudadanos pueden recibir asistencia económica y otros beneficios gubernamentales que pueden ser difíciles de obtener para los residentes permanentes extranjeros. También, uno de los requisitos para patrocinar a personas a entrar a los Estados Unidos es que el patrocinante debe acordar brindar recursos económicos a las personas para que éstas no se vuelvan dependientes de la ayuda financiera proveniente del gobierno federal o estatal. Por otra parte, sin embargo, si la persona era ciudadana estadounidense y pasó por momentos económicamente difíciles, sería elegible para asistencia económica de programas federales, estatales o locales sin que afecte su estatus.

## DESVENTAJAS DE SOLICITAR LA CIUDADANÍA

Hay algunos riesgos asociados con solicitar la ciudadanía estadounidense. La mayor posible desventaja de solicitar la ciudadanía estadounidense es que al solicitar la naturalización, usted le da a USCIS un motivo para revisar la totalidad de su historial migratorio. Por lo que, si usted ha hecho algo que dejó una marca negativa en su estatus de inmigrante, entonces usted se está exponiendo a serios riesgos, incluyendo la deportación o la extracción de los Estados Unidos. Si usted sabe de algún aspecto negativo en su historial, o si piensa que pueda haber algo negativo en su archivo migratorio, entonces debería hablarlo con un abogado de inmigración antes de enviar su solicitud para la ciudadanía.

Por ejemplo, si el solicitante sabe que su tarjeta de residencia permanente fue obtenida mediante fraude o mintiendo en la entrevista, entonces la persona puede enfrentarse con serios castigos incluyendo la deportación. Si la persona mintió directamente o si de alguna manera tergiversó los hechos durante el proceso y USCIS se enteró, entonces la persona podrá ser extraída o deportada de los Estados Unidos. Hay numerosas maneras en que esto podría suceder, como si alguien entra a los Estados Unidos con documentos robados y los utiliza para crear una nueva identidad. Si esto saliera a la luz, la persona podría ser deportada porque USCIS no debió en primer lugar haber otorgado una tarjeta de residente permanente.

Otra situación que debería ser evitada es que el extranjero con residencia permanente, que haya votado en los Estados Unidos, no debería solicitar la naturalización antes de consultar a un abogado de inmigración. El votar en los Estados Unidos en una elección como extranjero residente permanente puede tener serias consecuencias migratorias.

USCIS también evalúa si usted tiene buen carácter moral. Aunque la definición de buen carácter moral no es absolutamente clara, USCIS básicamente se fija para asegurarse que usted no haya cometido actos que indicarían un mal carácter moral, como apuestas ilegales, prostitución, tráfico de drogas y otras actividades similares.

Muchas personas se hacen ciudadanos estadounidenses porque creen que tendrán mayores oportunidades tanto para sí mismos como para sus familias. El solo hacerse ciudadano estadounidense puede abrir algunas puertas económicas, puede también tener algunos costos. Si quiere hacerse ciudadano estadounidense, usted debe hacerse cargo de sus impuestos con el gobierno estadounidense. Además de este requisito, usted debería saber que a los ciudadanos estadounidenses se les cobran impuestos sobre sus ingresos mundiales, y no solamente sobre el dinero que ganan en los Estados Unidos. Esto significa que su decisión de hacerse ciudadano estadounidense tiene implicancias tributarias para usted. Cualquier persona que crea tener problemas de impuestos debería consultar con un abogado especialista en inmigración o un abogado especialista en impuestos, que esté al tanto de estos temas.

La posibilidad de pagar impuestos estadounidenses sobre el ingreso mundial, es parte de un tema más amplio al hacerse ciudadano estadounidense, el rol de la ciudadanía doble. Durante varios años, el gobierno estadounidense intentó disuadir a las personas de retener su ciudadanía de otros países. Actualmente, la posición del gobierno es menos hostil al respecto. Sin embargo, algunos países no permiten a sus ciudadanos ser ciudadanos de otro país.

Los solicitantes deberían de pensar también en que la ciudadanía estadounidense puede acarrear consigo mayores riesgos reales de ser un objetivo o blanco en el mundo. Después del 11 de septiembre, el mundo se ha tornado un lugar mucho menos amistoso para los viajeros estadounidenses. Algunos viajeros prefieren retener u obtener doble ciudadanía para no tener que viajar con los pasaportes estadounidenses. Esta estrategia puede ser efectiva para reducir el riesgo, pero expone al viajero a la posibilidad de un mayor escrutinio al entrar a los Estados Unidos. Desde luego, el viajero necesitará un pasaporte estadounidense para ingresar a los Estados Unidos. Dependiendo del país del cual tiene la doble ciudadanía, otro país puede ofrecer menor riesgo en viajes internacionales. Como mínimo, cualquier persona viajando con un pasaporte estadounidense debe estar al tanto de los riesgos y buscar consejos del Departamento de Estado estadounidense con respecto a las advertencias relacionadas con el país hacia el cual la persona esté viajando.

Finalmente, una de las tareas que implica ser ciudadano estadounidense es el deber de asistir a las fuerzas armadas en tiempos de conflictos. Un ciudadano estadounidense hombre que tenga ciudadanía doble corre posibles riesgos de ser requerido a servir en las fuerzas armadas de otros países, lo cual puede tener serias repercusiones migratorias.

Otro punto sobre el cual debe hacerse hincapié nuevamente es que una solicitud de naturalización se basa en la residencia permanente legal continua. Esto significa que es para extranjeros residentes permanentes con buen estatus. Cualquier persona que ya esté en procedimientos de extracción, no puede naturalizarse. Al enviar la solicitud de naturalización, usted está arriesgándose a que USCIS examine su historial migratorio completo, además del periodo de cinco años inmediatamente anterior al momento en que envió su solicitud para hacerse ciudadano estadounidense.

## RESUMEN

Hacerse ciudadano estadounidense es una decisión personal importante. Antes de solicitar la naturalización, una persona debería considerar su actual estatus migratorio, para asegurarse de estar en  buen estatus como residente permanente legal. Entonces él o ella debería evaluar las varias ventajas de una mayor seguridad, oportunidad y el poder participar en la vida de los Estados Unidos contra los posibles riesgos. Para la mayoría de las personas, la evaluación de su historial migratorio completo presenta ningún o muy bajo riesgo, pero para algunos podría terminar desastrosamente en procedimientos de extracción. La naturalización es un proceso que en general no presenta problemas, pero puede ser una decisión larga y costosa.

## VENTAJAS DE SOLICITAR LA CIUDADANÍA ESTADOUNIDENSE

- Cumplir con una meta de vida
- Mayor libertad
- Seguridad contra la deportación
- Derechos al voto
- Poder ocupar cargos políticos
- Poder patrocinar a parientes o cónyuges más rápidamente
- Mayor facilidad para viajar que con una tarjeta de residencia permanente
- No tener que renovar la tarjeta de residencia permanente
- Vivir donde quiera fuera de los Estados Unidos por el tiempo que desee
- Ser elegible para más programas gubernamentales
- Mejores oportunidades laborales en el gobierno

Desventajas de solicitar la ciudadanía estadounidense
- Mayor escrutinio por contactar a USCIS
- Las consecuencias tributarias pueden ser severas
- El costo psicológico de perder vínculos con el país de origen al ser parte de los Estados Unidos
- El riesgo del servicio militar puede ser mayor

# CAPÍTULO 2: ¿QUIÉN ES ELIGIBLE PARA LA CIUDADANÍA ESTADOUNIDENSE?

Los solicitantes deben cumplir con muchos requisitos para hacerse ciudadanos de los Estados Unidos. Algunos de los requisitos son cuestión de aprobar un examen y otros de aprender historia norteamericana y de estar seguros que puedan jurar lealtad hacia la constitución de los Estados Unidos. Otros de los requisitos son de tiempo y de residencia. Uno de los requisitos más importantes es el de ser extranjero residente permanente en estatus legal.

## ESTATUS DE EXTRANJERO RESIDENTE PERMANENTE

Un punto que no puede recalcarse lo suficiente es que la persona debe estar en estado de residente permanente legal para poder naturalizarse. Esto significa que él o ella debe tener una tarjeta de residente permanente en estado vigente. Hay dos aspectos delicados a recordar. El primero es que USCIS puede examinar el historial migratorio completo  de un solicitante cuando él o ella solicita la ciudadanía estadounidense. Esto significa que si él o ella está en buen estado migratorio, el solicitante puede aún ser extraído o obligado a salir de los Estados Unidos si se descubriese alguna ofensa criminal o algún otro antecedente del pasado con consecuencias migratorias serias. El segundo aspecto es que a pesar de que hay requisitos de residencia física tanto para la naturalización como para ser extranjero residente permanente legal, los requisitos para naturalizarse pueden ser diferentes a los requisitos que tiene el ser extranjero residente permanente. Por ejemplo, para estar en regla en los Estados Unidos como residente permanente legal, usted debe vivir en los Estados Unidos; pero para solicitar la naturalización, además de vivir en los Estados Unidos, usted debe también vivir en el distrito de USCIS o estado en el cual tiene pensado naturalizarse.

## REQUISITOS DE RESIDENCIA

Los requisitos de residencia para permanecer en calidad de extranjero residente permanente legal y los requisitos de residencia relacionados con la naturalización para hacerse un ciudadano estadounidense están fuertemente relacionados. Cualquier persona que intenta naturalizarse debe cumplir con los requisitos de residencia. Este requisito tiene varias partes, lo cual puede ser complicado. A menos que entre en algunas exoneraciones, usted debe ser capaz de demostrar que ha vivido en los Estados Unidos de continuo durante cinco años previo a la solicitud de naturalización. Por ejemplo, un portador de la tarjeta de residencia permanente que trabaja y vive en Canadá no cumpliría con estos requisitos a menos que la persona estuviese bajo un estrecho marco de exoneración.

# REQUISITO DE PRESENCIA FÍSICA

Usted debe haber vivido en los Estados Unidos durante al menos cinco años antes de solicitar la naturalización. Esto significa que usted debió haber estado físicamente presente en los Estados Unidos durante este tiempo. Usted debería de poder demostrar que estuvo presente físicamente en los Estados Unidos con evidencia del lugar donde usted estaba viviendo, que puede incluir cheques de renta cancelados, cuentas de servicios o utilidades pagadas o pagos de la hipoteca de la casa. Además de mostrar que usted vivió en los Estados Unidos durante los cinco años previos a enviar su solicitud de naturalización, usted también debe demostrar que estaba viviendo en el estado o el distrito de USCIS al que usted está enviando su solicitud durante al menos tres meses inmediatamente antes de enviar la solicitud.

Después de enviar su solicitud, usted también deberá mostrar que vivió dentro de los Estados Unidos desde la fecha en que solicitó hasta la fecha en que fue admitido para la ciudadanía. El USCIS se fijará solamente en dónde vivió usted físicamente. Las leyes que gobiernan la presencia física en los Estados Unidos son muy claras con respecto al requisito de que las personas que planean naturalizarse deberían estar físicamente presentes en los Estados Unidos.

Además de estar en los Estados Unidos antes de enviar la solicitud, una persona que espera naturalizarse debe también quedarse en los Estados Unidos después de enviar su solicitud de naturalización. Como portadores legales de la tarjeta de residencia permanente, deben quedarse en los Estados Unidos para mantener la calidad legal y no arriesgar el abandono de su estatus de residente permanente. No necesariamente se aplican las mismas reglas para contar el tiempo en el país para cumplir con los requisitos de naturalización. Como fue mencionado anteriormente, a pesar de que los solicitantes a la naturalización deben ser portadores legales de la tarjeta de residencia permanente, deben prestar atención a los distintos y simultáneos requisitos de residencia.

Si un solicitante estará fuera por un periodo continuo de entre seis meses y un año, esto puede contar como un periodo de ausencia de los Estados Unidos. Esto podría ocasionar al solicitante la pérdida de su calidad de extranjero residente permanente y también que el mismo no sea elegible para solicitar la ciudadanía. Es muy importante que las personas que quieran naturalizarse presten atención al momento antes y durante el cual tienen intención de solicitar la naturalización, porque las ausencias de los Estados Unidos pueden tener consecuencias severas.

En general, los solicitantes tienen que vivir en los Estados Unidos antes de solicitar la naturalización. Sin embargo, bajo las reglas, los solicitantes también deben demostrar haber vivido de continuo en los Estados Unidos a pesar de una ausencia. Estas reglas son un poco diferentes a las del requisito que tienen los extranjeros residentes permanentes legales de vivir en los Estados Unidos para preservar la calidad de residencia permanente. Los solicitantes deben recordar que las autoridades estadounidenses pueden descubrir que la persona no estuvo viviendo de continuo en los Estados Unidos, incluso si el solicitante no solicitó la clasificación de no residente para propósitos de impuestos, no documentó un abandono de su calidad de residente permanente y es aún considerado un residente permanente legal bajo las leyes migratorias. Sin embargo, la persona que solicita la naturalización puede intentar demostrar que si vivió de continuo en los Estados Unidos al proporcionar la siguiente evidencia durante su ausencia extendida:

- el solicitante conservó su trabajo en los Estados Unidos;
- la familia inmediata del solicitante permaneció en los Estados Unidos;
- el solicitante aún podía utilizar su lugar para vivir en los Estados Unidos, es decir que no fue alquilado; y,
- el solicitante no obtuvo un trabajo o puesto en el país que estaba visitando.

Las personas que planean irse por más de un año y esperan naturalizarse, deberían consultar a un abogado especialista en inmigración, para estructurar un plan y ser aconsejadas sobre los riesgos. Es importante que recuerde que durante este periodo de tiempo es solamente por el periodo de cinco años previos a solicitar la naturalización.

Los solicitantes que estarán ausentes por más de un año, deberían consultar a un abogado especialista en inmigración y presentar una Notificación de aprobación (Formulario del USCIS N-470) con el pago requerido. La solicitud debe ser enviada antes de que el solicitante se ausente de los Estados Unidos por un periodo continuo de un año. Las aprobaciones bajo este formulario cubren a los cónyuges y los hijos o hijas dependientes solteros o solteras, que estén residiendo en el exterior como miembros del hogar del solicitante durante el periodo que cubra la solicitud.

La información anterior es para personas que eligen salir de los Estados Unidos por alguna razón, pero que no están en el grupo de personas que han salido de los Estados Unidos con problemas migratorios que necesitan ser atendidos a su regreso. Por ejemplo, un residente permanente legal sale de los Estados Unidos y surge un problema a su regreso, puede requerírsele a la persona una inspección diferida. En una inspección diferida, las autoridades de USCIS

**CONSEJOS PRÁCTICOS**
Si usted está solicitando una Notificación de aprobación (Formulario N-472), asegúrese de que enumere a los miembros de la familia como ya fue mencionado.

admiten al extranjero al país, pero después le exigen dirigirse a una oficina de USCIS para determinar su estatus. Si esto va bien, el USCIS admitirá a la persona nuevamente en el país. El periodo de tiempo entre el regreso de la persona y la aprobación para readmisión después de una inspección diferida o exclusión no afecta sus posibilidades de ser naturalizado como lo hace una ausencia. Un solicitante que ha pasado por la inspección diferida o por un procedimiento de exclusión y que es re-admitido en los Estados Unidos, satisface los requisitos de residencia y presencia física, al igual que cualquier otra solicitud de naturalización.

## Impuestos

Si un portador de la tarjeta de residencia permanente declara ser un extranjero no residente para pagar menos o evitar los impuestos estadounidenses, entonces él o ella estará perjudicando su proceso de naturalización porque el gobierno estadounidense puede determinar que la persona ha abandonado su calidad de residente permanente legal. Si alguien intenta declarar su estatus de no residente para evitar pagar los impuestos estadounidenses, este problema deberá ser discutido con un abogado especialista en inmigración antes de solicitar, porque el gobierno puede concluir que el solicitante ha abandonado su calidad de residente permanente legal. Si la oficina del gobierno estadounidense rechaza el pedido, hay un proceso de apelación.

## Cónyuges

Los cónyuges pueden disfrutar de algunos beneficios también, lo cual significa que pueden naturalizarse sin tener que cumplir con el requisito de residencia continua. La persona debe ser un residente permanente en regla al momento de la entrevista y tener buen carácter moral, hablar el idioma inglés y tener conocimientos de cívica y aceptar el apoyo a la constitución estadounidense. En algunos casos, él o ella podrá evitar los requisitos de residencia. Para que esto ocurra, el cónyuge estadounidense debe estar en una de las siguientes categorías:

- ser miembro de las fuerzas armadas;
- trabajar en el extranjero bajo contrato del gobierno estadounidense;
- trabajar como empleado de una firma o corporación estadounidense que trabaja para fomentar el comercio internacional para los Estados Unidos; o
- ser un sacerdote o miembro de alguna orden religiosa reconocida y que tenga presencia en los Estados Unidos.

Como fue mencionado anteriormente, la ley estadounidense da a las personas militares especial consideración para propósitos de naturalización. Mientras los solicitantes de naturalización no-militares deben vivir en los Estados Unidos durante al menos cinco años, los requisitos para el personal militar son que la persona solicitante debe haber servido en las fuerzas armadas estadounidenses durante al menos tres años. El solicitante también debe ser un extranjero residente permanente. Los solicitantes pueden enviar su solicitud dentro de los seis meses de un cese honorable si no están solicitando durante el servicio activo. El personal militar también puede solicitar la naturalización sin ser extranjero residente permanente legal si han servido en las fuerzas armadas estadounidenses durante lo que es conocido como un periodo de hostilidad reconocida. La situación actual ha sido designada como un periodo de hostilidad reconocida por el Presidente. Esto también aplica al personal militar que se ha enlistado o re-enlistado durante el periodo de hostilidad reconocida. En el caso que una persona militar no esté dentro de las leyes especiales mencionadas arriba, entonces él o ella tendrá que seguir las reglas de solicitud en centros de servicio, tal como lo haría una persona no militar.

En el caso de estudiantes, un solicitante que está acudiendo a una institución educativa en el estado o distrito de servicio distinto del que se encuentra el hogar o residencia del solicitante, puede solicitar la naturalización donde esté ubicada la institución o en el estado de residencia del solicitante si el solicitante logra establecer que es dependiente económico de sus padres al momento en que esta solicitud es enviada y durante el proceso de naturalización.

Una clase especial de extranjeros son aquellos que vivirían en los Estados Unidos pero que viajan a través de la frontera. A pesar de estar en los Estados Unidos muy frecuentemente, estos extranjeros deben establecer su residencia en los Estados Unidos, y deben tener la intención de vivir allí de forma permanente. Esto significa que deben pasar el periodo de residencia requerido antes de ser elegibles para la naturalización.

Si un extranjero se muda de estado en estado a diferencia de país en país, entonces la persona debe solicitar en el estado en el cual ha enviado sus impuestos federales a la renta anuales. Si el extranjero cambia su residencia durante periodos menores al año, entonces debería solicitar donde él o ella vivía la última vez que salió de los Estados Unidos hacia el extranjero.

A los miembros de otras organizaciones que son consideradas de interés nacional también se les da una interpretación más generosa de las reglas. Esta disposición aplica a un amplio grupo de entidades, desde organizaciones de socorro a bancos. Puede que a las personas trabajando para una compañía estadounidense que viajen al extranjero les interese investigar esta opción. Pueden beneficiarse las personas que trabajan para el gobierno estadounidense o para compañías con contratos, además de otras compañías cuyo propietario son los Estados Unidos. Para que aplique esta cláusula de exoneración, la persona tiene que haber estado presente físicamente en los Estados Unidos por un periodo ininterrumpido de al menos un año después de haber sido admitido legalmente como residente permanente. Las personas que estén haciendo servicio en embarcaciones estadounidenses también deberían consultar abogados especialistas en inmigración, ya que hay reglas especiales para ellos también. Finalmente, cualquiera que piense que USCIS les haya dicho incorrectamente que podían marcharse y aún así poder naturalizarse por error también puede tener opciones disponibles que en general no están disponibles a los demás.

Si los solicitantes salen de los Estados Unidos a realizar funciones para una organización religiosa, y han estado ausentes solamente para realizar trabajo religioso, y su grupo es una organización de buena fe en los Estados Unidos, también quizás puedan utilizar esta exoneración. Sin embargo, los individuos querrán consultar a un abogado especialista en inmigración para ver si su grupo cumple con estos requisitos.

# REQUISITO DE EDAD

Las personas que quieran naturalizarse deben estar vivas y tener al menos 18 años de edad. A las familias militares se les hacen arreglos más generosos con respecto a la naturalización que pueden permitir la naturalización después de fallecida la persona, pero esto es poco frecuente. El congreso también creó disposiciones especiales para las víctimas de los ataques del 11 de septiembre. Aunque existen algunas opciones para circunstancias especiales en tiempos de guerra y algunas veces los niños pueden convertirse en ciudadanos como parte de la naturalización de otra persona, en la mayoría de los casos, la persona debe tener o ser mayor de 18 años.

Algunas veces los niños se convierten en ciudadanos estadounidenses si se cumplen ciertas condiciones. Los niños nacidos fuera de los Estados Unidos y que viven permanentemente en los Estados Unidos, automáticamente obtienen la ciudadanía si uno de los padres del niño es ciudadano estadounidense, ya sea por naturalización o por nacimiento, siempre y cuando el niño tenga menos de 18 años y el niño esté viviendo en los Estados Unidos bajo custodia legal y física del padre o madre ciudadano. Sin embargo, el padre o madre debe ser un extranjero residente permanente legal. Esto también aplica a un niño adoptado por padres ciudadanos estadounidenses si el niño satisface los requisitos aplicables a niños adoptados. Sin embargo, de la misma manera que los residentes permanentes legales deben satisfacer los requisitos de vivir físicamente en los Estados Unidos, también los deben satisfacer los niños.

Esta situación es diferente para niños que nacen en los Estados Unidos y que después planean patrocinar a sus padres que no han sido naturalizados y que no nacieron en los Estados Unidos. Los niños que se convierten en ciudadanos porque nacieron en los Estados Unidos no pueden patrocinar a sus padres hasta que son mayores de 18 años.

## BUEN CARÁCTER MORAL

Las personas que quieren naturalizarse deben poder demostrar que tienen buen carácter moral. Deben poder demostrarlo durante el tiempo requerido por la ley estadounidense, que es en general cinco años, y deben de poder demostrarlo durante el proceso de solicitud y el periodo entre el examen y la administración de la jura de lealtad.

Si bien la persona que solicita la naturalización debe de poder demostrar el buen carácter moral, el USCIS no hace la evaluación. El servicio no está limitado a evaluar la conducta del solicitante durante los cinco años inmediatamente anteriores al envío de la solicitud. En algunos casos, el USCIS puede tomar en cuenta la conducta y actos en cualquier momento antes de ese periodo. El USCIS también puede considerar las acciones de la persona durante el periodo después de que él o ella solicita y antes de que él o ella realice el juramento de ciudadanía estadounidense.

Un punto del que los solicitantes deberían estar al tanto es que al gobierno estadounidense le importan los delito. Los solicitantes deben revelar todo acto criminal por el cual hubo cargos formales, acusaciones, arrestos o condenas, hayan sido cometidos en los Estados Unidos como en otro país. Hay una exoneración para ofensas puramente políticas al igual que las hay en otros asuntos de naturalización.

Además de estas dos importantes barreras criminales, hay algunos otros obstáculos en la naturalización. El concepto de delito que implican decadencia moral suelen surgir a menudo en las cuestiones de inmigración. Un delito de decadencia moral es uno que implica hacer algo malo que la persona que cometió el delito debió haber sabido que estaba mal, como el robar o asaltar un banco. En el caso de la naturalización, si el solicitante cometió más de un delito de decadencia moral, esa persona se verá imposibilitada de nacionalizarse.

## Exoneraciones de la barrera criminal

La ley migratoria de los Estados Unidos tiene algunas excepciones con respecto a las barreras criminales a la naturalización. Hay excepciones para lo que se conocen como ofensas políticas, o delitos en los cuales la naturaleza política del delito sobrepasa las otras partes del mismo. Si la ofensa ocurrió antes de que el solicitante cumpliera los 18 años de edad, puede que existan algunas excepciones disponibles. Las excepciones pueden estar disponibles si ése fue el único delito de decadencia moral del solicitante  y todo incluyendo el delito y la liberación de la prisión o cárcel sucedió al menos cinco años antes del intento de nacionalización.

Estas son excepciones para ofensas menores. Hay otra excepción que puede aplicar en el caso de un delito de decadencia moral y la máxima sentencia a la que puede estar sentenciado un extranjero sería de un año o menos y si la persona hubiese sido sentenciada a una condena de seis meses. Todo aquel que crea necesitar una de estas excepciones debería consultar a un abogado especialista en inmigración antes de enviar su solicitud.

## Delitos cometidos fuera de los Estados Unidos

Otra área a tener en cuenta es si los delitos ocurrieron fuera de los Estados Unidos. Si el solicitante cometió dos o más ofensas, fue condenado, y el total combinado de la sentencia que la corte impuso de hecho al solicitante fue de cinco años o más, y fuera de los Estados Unidos, entonces el solicitante quedaría impedido de solicitar. Sin embargo, si fuera una ofensa puramente política según la definición del gobierno estadounidense, entonces no quedaría impedido.

Algunas veces, la naturaleza de los delitos importa para propósitos de naturalización. Por ejemplo, los delitos que tienen que ver con sustancias controladas son tratados distintamente de otros delitos. La marihuana se trata con bastante más flexibilidad tal que si un solicitante es condenado por una única ofensa por posesión de treinta gramos o menos, entonces el solicitante aún debería poder solicitar la naturalización.

## Declaraciones falsas

Bajo los requisitos de buen carácter moral, los solicitantes deben evitar dar falso testimonio para obtener beneficios de inmigración. Si el solicitante ha hecho falsas declaraciones bajo juramento y tiene la intención de obtener un beneficio migratorio al hacerlo, esto puede ser un impedimento para la naturalización. Esto aplica más allá de que la información prestada en el falso testimonio influencie el que la persona reciba el beneficio migratorio que estaba solicitando.

## Otras restricciones

Hay ciertos impedimentos específicos para la naturalización que también aplican bajo el buen carácter moral. Una persona que esté solicitando la naturalización debería tener mucho cuidado en torno a estas áreas y consultar a un abogado especialista en inmigración antes de solicitar, porque estas áreas también pueden permitir a

USCIS  a extraer a la persona de los Estados Unidos. Por ejemplo, puede que una persona no sea un borracho habitual y se naturalice, pero también puede que tampoco sea un residente permanente. El traficar drogas es un impedimento para naturalizarse como también lo es la prostitución. Todo aquel que haya cometido o que haya sido declarado culpable de traficar inmigrantes ilegales al país tampoco podrá naturalizarse. Una persona practicando la poligamia tiene un estatus algo ambiguo y debería consultar a un abogado especialista en inmigración. Las personas que hacen dinero mayoritariamente de apuestas ilegales también estarán impedidas de naturalizarse.

Hay una frase en las leyes que permite al USCIS excluir a las personas que entran en la categoría de reglas generales de decadencia moral. Por ejemplo, hay un requisito que usted debe demostrar que brinda apoyo a sus dependientes. También, relaciones extramatrimoniales pueden ser evidencia de decadencia moral. También puede que surja el tema de encontrarse bajo libertad condicional. Aunque los solicitantes puede que no estén en libertad condicional al solicitar, pueden haber estado en libertad provisional anteriormente. Un solicitante que ha estado en libertad provisional o una sentencia suspendida durante todo o parte del periodo antes de la naturalización aún puede establecer su buen carácter moral. De la misma manera, una persona que ha recibido un perdón ejecutivo del presidente o gobernador antes del periodo en el que el buen carácter moral comienza a correr, también puede establecer buen carácter moral.

Algunas veces, las personas con problemas criminales relacionadas con inmigración intentan eliminarlos de su historial. Hacer que se eliminen partes de su historial no funciona para asuntos migratorios en los cuales el objetivo es establecer el buen carácter moral. Por ejemplo, en el caso de ofensas por drogas, USCIS puede tratar faltas como condenas. Además, un solicitante que ha cometido o admitido cometer dos o más delitos que implican decadencia moral durante el tiempo que USCIS se fija en su carácter moral quizás no pueda establecer su buen carácter moral, a pesar de que una de esas ofensas haya sido eliminada de su archivo de condena.

## LEALTAD A LA CONSTITUCIÓN ESTADOUNIDENSE

Las personas que quieren naturalizarse deben estar comprometidas con los principios de gobierno respaldados en la Constitución estadounidense. Esto no significa que deben aprobar todo lo que el gobierno hace o que tengan que pertenecer a un partido político.

Uno de los requisitos es que las personas que quieren naturalizarse deben estar dispuestas a tomar las armas por los Estados Unidos o servir al país de algún otro modo. Aunque un hombre pueda tener dudas sobre servir para la milicia estadounidense, se espera que los hombres se registren con el servicio selectivo, si tienen entre 18 y 26 años. Los objetores de consciencia aún pueden naturalizarse; sin embargo, deben registrarse y afirmar su lealtad a los Estados Unidos.

Si un extranjero sirve en el ejército estadounidense, él o ella tendrá importantes ventajas a la hora de naturalizarse. Sin embargo, si los extranjeros que se unen al ejército estadounidense desertan, y están bajo custodia del tribunal militar de apelaciones, entonces pueden quedar impedidos de naturalizarse. La mayoría de las personas que intentan salirse del servicio militar por no ser ciudadanos estadounidenses no pueden naturalizarse, pero hay excepciones a esta regla como el servicio durante tiempos de guerra.

Las leyes que rigen la naturalización dan al personal militar estadounidense un estatus diferente para fines de naturalización. El personal militar debe servir en las fuerzas armadas estadounidenses durante al menos un año. El servicio en cualquiera de las ramas es suficiente, incluyendo la unidad de la Guardia Nacional cuando está designada como reserva del ejército estadounidense. Estas leyes son para el personal militar que aún es parte de los Estados Unidos y que ha servido durante al menos un año. Los solicitantes que crean no encajar en estas categorías deberían buscar los consejos de un abogado especialista en inmigración.

Un ejemplo de los beneficios de estar en el ejército es que las personas que solicitan bajo las reglas que rigen al ejército no pagan los costos. Los solicitantes en esta categoría no necesitan vivir en Estados Unidos durante cinco años ni necesitan haber vivido en el distrito de USCIS durante tres meses. Si la persona es deportada o pudiese ser deportada de los Estados Unidos, entonces tal vez no pueda naturalizarse. Sin embargo, el personal militar puede naturalizarse incluso si corriese riesgo de ser deportado, lo cual es una gran ventaja.

Algunos puestos políticos han sido determinados por la ley estadounidense para ser incompatibles con ser un ciudadano estadounidense. Por ejemplo, las personas que son miembro del Partido Comunista o que trabajan para derrocar al gobierno estadounidense mediante el uso de la fuerza no son elegibles para naturalizarse. Todo aquel que crea tener un problema por haber estado asociado con el Partido Comunista, debería conseguir un abogado especialista en inmigración porque los requisitos son muy específicos.

Como forma de demostrar la lealtad, los solicitantes de la naturalización deben hacer un juramento de lealtad a la constitución estadounidense. Si la persona que busca naturalizarse es incapacitada o minusválida, él o ella puede pedir una dispensa.

## REQUISITO DEL IDIOMA INGLÉS

La expectativa que tiene el gobierno estadounidense es que las personas se naturalicen y se conviertan en ciudadanos estadounidenses. Como parte de este proceso, la expectativa es que participarán en pleno en la vida cívica del país, por lo que hay un requisito que sean capaces de hablar y comprender el inglés y que comprendan la historia y la cívica de los Estados Unidos.

Para ser naturalizado como ciudadano estadounidense, los solicitantes deben de ser capaces de demostrar que entienden el idioma inglés. Los solicitantes deben ser capaces de mostrar que tienen la habilidad de leer, escribir y hablar palabras de uso corriente en el idioma inglés. Hay un examen para determinar las aptitudes que la persona tenga en lectura y escritura.

Los solicitantes también deben pasar un examen para demostrar que tienen conocimiento y comprensión de los básicos de la historia, principios y forma de gobierno de los Estados Unidos. Hay exenciones en los requisitos del examen para las personas que por incapacidades físicas, del desarrollo o impedimentos mentales, no pueden tomar los exámenes.

El requisito del idioma inglés no aplica a aquellos que, en la fecha en que enviaron su solicitud de naturalización, tienen más de 50 años de edad y han vivido en los Estados Unidos por un periodo total de al menos veinte años como extranjeros residentes permanentes legales. Las personas mayores de 55 años de edad que hayan vivido en los

Estados Unidos por periodos totales de al menos quince años antes de solicitar como residentes permanentes legales, están exentos del examen de idioma inglés.

Hay ejemplos de las preguntas del idioma inglés para repasar en el Apéndice I. Es importante recordar que el examen es oral (hablado), por lo que si los solicitantes no entienden o no escuchan la pregunta, deberían de pedir que se la repitan.

## CONOCIMIENTOS DE CÍVICA E HISTORIA ESTADOUNIDENSES

Los solicitantes de la ciudadanía también deben tener conocimiento de la historia y cívica estadounidense. Hay una lista de preguntas incluidas en los apéndices. Esta sección del examen es en general hecha en forma oral y en inglés, por lo que si el solicitante tiene preguntas o no entiende la pregunta, puede ayudarle el pedir que le repitan la pregunta. Si la persona solicitante es mayor de los 65 años de edad y ha estado viviendo en los Estados Unidos durante al menos veinte años antes de enviar su solicitud como extranjero residente permanente legal, entonces puede quedar exonerada del examen de cívica/historia.

## RESUMEN

Los requisitos para la naturalización son complejos y en muchos casos, solamente un abogado especialista en inmigración puede decir cuáles serán las reglas. Sin embargo, en la mayoría de los casos, si el solicitante tiene al menos 18 años de edad y no aplica ninguna circunstancia especial, ha vivido en los Estados Unidos durante cinco años continuos (ninguna salida por seis meses o más fuera de los

Estados Unidos), y tiene su estatus válido cómo extranjero residente permanente legal, entonces debería de poder naturalizarse.

Si el solicitante ha estado casado y viviendo con un ciudadano estadounidense durante los últimos tres años, y el ciudadano ha sido ciudadano durante los últimos tres años, entonces el solicitante debería poder naturalizarse también.

El personal militar que quiera naturalizarse deberá prestar especial atención si sirvieron en el ejército durante un periodo de guerra. En general, si el solicitante estaba en las fuerzas armadas por menos de un año o fue dado de baja más de seis meses antes de que él o ella solicitara la ciudadanía, entonces debe de haber sido un extranjero residente permanente por cinco años. En el caso de los solicitantes militares, si estuvieron fuera de los Estados Unidos sirviendo en el ejército, ese tiempo no cuenta como tiempo fuera de los Estados Unidos. Sin embargo, si el solicitante estuvo activo en el ejército durante un periodo de conflicto autorizado dentro de los seis meses desde que envió su solicitud o si está activo sirviendo en el ejército al momento de enviar su solicitud, entonces él o ella puede solicitar sin tener que ser admitido legalmente como un residente permanente. También, él o ella puede solicitar si estaba físicamente presente en los Estados Unidos o en un territorio elegible.

En la mayoría de los casos, un solicitante también debe haber pasado tres meses en el estado o distrito al que él o ella enviará su solicitud. Este requisito se cancela para el personal militar activo.

La mayoría de los solicitantes deben pasar un periodo de tres meses en el estado o distrito en el cual envían su solicitud. Deben tener residencia

**CONSEJO PRÁCTICO**

Los solicitantes que tengan antecedentes criminales o que estén preocupados de no poseer tarjetas de residente permanente válidas (extranjeros residentes permanentes legales) no deberían de solicitar la naturalización sin antes hablar con un abogado especialista en inmigración.

continua en los Estados Unidos por cinco años. Los solicitantes deben tener buen carácter moral, conocimiento de inglés y cívica, y comprometerse a apoyar la Constitución estadounidense.

Además de las excepciones militares, los solicitantes que han servido en embarcaciones estadounidenses o que son cónyuges de un ciudadano estadounidense que ha trabajado en ciertas compañías estadounidenses o grupos de investigación, pueden tener posibilidades de naturalización sin estar viviendo en los Estados Unidos.

## TABLA DE VERIFICACIÓN

Los solicitantes que envíen su solicitud de naturalización deberían de poder responder que "sí" a las siguientes afirmaciones.

❏ Tengo al menos 18 años de edad.

❏ Soy un extranjero residente permanente legal (ERP) de los Estados Unidos y tengo una tarjeta de residente permanente válida.

❏ He sido un ERP durante al menos cinco años.

❏ He vivido de continuo en los Estados Unidos sin interrupciones de treinta días o más.

❏ He vivido en el distrito o estado en el cual estoy enviando mi solicitud por los últimos tres meses.

❏ Puedo usar el inglés para escribir y leer, y comunicarme en forma oral a nivel básico.

❏ Sé o he aprendido los básicos de la historia estadounidense y cómo funciona el gobierno estadounidense.

❏ Soy mujer O soy un hombre que se ha registrado con el Servicio Selectivo O soy un hombre que no se registró pero tengo una carta explicando por qué no lo hice.

❏ No he desertado de las fuerzas armadas estadounidenses y he recibido una exoneración.

❏ Estoy dispuesto a servir al ejército o hacer servicio no-militar.

❏ Apoyo a la Constitución estadounidense.

❏ Puedo y haré el juramento de lealtad hacia los Estados Unidos.

❏ Si no encajo en estas categorías, he investigado las excepciones:

   ❏ Estoy casado/a con un/a ciudadano/a estadounidense que está sirviendo a las fuerzas armadas estadounidenses o una organización internacional calificada.

   ❏ Soy miembro del ejército estadounidense en servicio activo.

# CAPÍTULO 3:
# ¿CÓMO SOLICITO LA CIUDADANÍA?

El proceso de solicitud de la ciudadanía estadounidense comienza con una decisión personal. Usted debe, antes que nada, decidir si quiere convertirse en ciudadano naturalizado. No se le exige a un residente permanente de los Estados Unidos convertirse en ciudadano. El capítulo 1 de este libro presenta las ventajas así como también algunas posibles desventajas de convertirse en ciudadano estadounidense y puede ayudarle a tomar esta importante decisión.

Si usted decide que quiere convertirse en un ciudadano de los Estados Unidos, hay otro paso que usted debería seguir antes de enviar su solicitud. Ese paso es considerar cuidadosamente si es elegible. El proceso de naturalización puede ser largo y cuesta dinero. No es algo que quiera hacer si sabe de antemano que no es elegible. El capítulo 2 de este libro puede ayudarlo a decidir si usted es elegible o no. En la mayoría de los casos, es fácil y claro de determinar si se es elegible o no. Sin embargo, si la situación personal o acciones pasadas ponen su caso en el límite, es decir, si están muy cerca de ser acciones de inelegibilidad, no se de por vencido enseguida. Hay muchas excepciones a las descalificaciones, que serán descritas más adelante.

Una vez tomada la gran decisión y que esté razonablemente seguro de que califica, comienza el trabajo duro. Solicitar la naturalización requiere que usted brinde información detallada de usted mismo, de su información personal, de su familia, de su trabajo, de su educación y de sus viajes. Si usted es el tipo de persona que es muy organizado y guarda todos sus papeles importantes, el proceso de solicitud será más fácil para usted. Si el mantenimiento de archivos no es una de las prioridades en su vida, usted puede encontrar que necesitará contactar a agencias de gobierno, escuelas, miembros de la familia, etc., para obtener la información que necesita para completar de forma precisa la solicitud. Si su historial se ve complicado por actividad criminal, entonces puede que usted necesite obtener documentos oficiales, decretos de corte, etc., y buscar la ayuda de un abogado.

Este capítulo lo lleva a lo largo del proceso de solicitud en detalle para que usted pueda sentirse seguro acerca de cómo llenar la solicitud. Este capítulo incluye información sobre áreas problemáticas y sobre cómo evitarlas o enfrentarlas; instrucciones sobre cómo llenar cada sección de la solicitud; consejos sobre qué documentos enviar con su solicitud; y, detalles acerca de dónde enviar la solicitud.

## TIEMPOS RELATIVOS A LA SOLICITUD

Antes de comenzar a completar el formulario de solicitud, usted querrá saber cuándo enviarlo. La solicitud de naturalización no es como un formulario de impuestos o un pedido de extensión de su visa. No hay fecha plazo antes del cual usted debe enviarla; usted la envía cuando quiera convertirse en ciudadano estadounidense. Sin embargo, debe ser elegible para enviarla. Esto significa que tiene que cumplir con todos los requisitos para convertirse en ciudadano estadounidense antes de enviarla. Por lo tanto, lo más temprano que puede enviar su solicitud es cuando cumple con todos los requisitos descritos en el capítulo 2.

## TABLA DE VERIFICACIÓN DE LOS TIEMPOS RELATIVOS

❑ 18 años de edad o mayor

❑ Residente permanente legal durante cinco años/ residencia continua durante cinco años/ presencia física durante treinta meses

❑ Residente permanente legal casado con un/a ciudadano/a estadounidense durante tres años/ residencia continua durante tres años/ presencia física durante dieciocho meses

❑ Residente permanente legal en las fuerzas armadas durante un año/ residencia continua durante cero años/ presencia física durante cero años

❑ Residente permanente legal en combate de las fuerzas armadas/ cero años de residencia continua/ presencia física durante cero años

## CÁLCULO DE PERIODOS DE TIEMPO

1. Fecha en que obtuvo la residencia permanente legal: _____ (fecha en su tarjeta de residencia permanente)
2. La fecha de hoy:_____
3. Calcule el número de días entre la línea 1 y la línea 2. Este es el periodo de tiempo que usted ha sido un residente permanente: _____

(Por ejemplo, el número de días entre el 1ero de enero de 2007, al 31 de diciembre de 2007, es 365 días porque tanto el 1ero de enero como el 31 de diciembre están incluidos. Si usted necesita ayuda para calcular las fechas, hay muchos sitios de Internet buenos para calcular automáticamente el número de días entre dos fechas, tal como www.timeanddate.com/date/duration.htm)

4. Número de viajes fuera de los Estados Unidos de duración mayor a los seis meses: _____
5. Número total de días fuera de los Estados Unidos desde la fecha en que obtuvo su tarjeta de residencia permanente en viajes de seis meses o más: _____
6. Restar la línea 5 de la línea 3:_____

(Este es el periodo de tiempo que usted ha tenido residencia continua en los Estados Unidos)

7. Número total de días fuera de los Estados Unidos desde que obtuvo su tarjeta de residencia permanente en TODOS los viajes de un día (veinticuatro horas) o más: _____

8. Restar la línea 7 de la línea 3:_____

(Este es el periodo de tiempo que usted ha tenido presencia física en los Estados Unidos)

## LA SOLICITUD NECESARIA

La solicitud de naturalización (Formulario USCIS N-400) es el único formulario que usted puede utilizar y el único formulario que necesita para solicitar la naturalización de ciudadanía estadounidense. El formulario está disponible directo del USCIS gratuitamente. El mejor lugar para obtener el formulario es a través de la página de Internet de USCIS en www.uscis.gov (hacer click en "Immigration Forms" en la parte de arriba de la página). También puede llamar a la línea de pedido de formularios de USCIS al 800-870-3676.

Es muy importante que llene este formulario con precisión y por completo. Usted está bajo juramento al llenar este formulario y si brinda información falsa, pueden suceder cosas desafortunadas: se le puede negar la naturalización.

El formulario N-400 está dividido en catorce partes. Cada parte del formulario es repasada en las secciones a continuación, junto con los consejos sobre qué información incluir en cada una de las casillas en el formulario.

**CONSEJO PRÁCTICO**

Lo más temprano que usted puede solicitar la naturalización es a los noventa días desde que cumple con el requisito de residencia continua. Es decir, si usted necesita cinco años de residencia continua, usted puede enviar su solicitud de naturalización una vez que haya tenido residencia continua de cinco años menos noventa días. NO envíe su solicitud antes porque será rechazada.

## Parte 1: Su nombre

Escriba su número A (número de registro de extranjeros) en la caja en la parte de arriba del formulario Y en la caja en la parte de arriba de cada página del formulario N-400. El número A fue probablemente muy importante cuando usted obtuvo su tarjeta de residente permanente por primera vez, pero con el tiempo, quizás lo haya olvidado. Puede encontrar el número A en su tarjeta de residente permanente, en general está hacia la mitad de la tarjeta.

- Casilla A: ingresar su nombre legal actual en esta casilla. Este es el nombre en su certificado de nacimiento, a menos que se lo haya cambiado al casarse. Si usted está legalmente casado/a, ingrese su nombre de casado/a aquí.
- Casilla B: Ponga su nombre tal como aparece en su tarjeta de residencia permanente. Ponga su nombre exactamente como aparece en la tarjeta de residente permanente, incluso si

**CONSEJO PRÁCTICO**

También es importante que usted sepa toda la información que incluya en el formulario. Esto suena fácil porque el formulario contiene información personal. Sin embargo, si otra persona llena su solicitud por usted, asegúrese de haber revisado la información en el formulario para asegurarse que esté correcta. Una vez tuvimos un cliente que vino a nosotros llorando porque la habían despedido de la entrevista de inmigración; otra persona había llenado su formulario de solicitud y había escrito mal su nombre y su dirección. Cuando el entrevistador le preguntó dónde vivía, ella dio una respuesta verdadera, pero su dirección no coincidía con la del formulario. El entrevistador sospechó y la despidió para poder encontrar evidencia adicional de su lugar de residencia.

**CONSEJO PRÁCTICO**
Piense cuidadosamente antes de cambiarse su nombre y piense en todos los documentos que va a necesitar cambiar o actualizar si se cambia el nombre (licencia de conducir, tarjeta de seguridad social, etc.).

hay un error en su nombre en la tarjeta de residente permanente.

- Casilla C: Ingrese otros nombres que usted haya utilizado. Ponga solamente los nombres que usted ha utilizado de forma pública (por ejemplo, si usted utilizó algún otro nombre en un trabajo o en un contrato de arrendamiento). No ponga sobrenombres que son utilizados por amigos y familiares en contextos sociales.

- Casilla D: Como parte del proceso de naturalización, usted puede cambiarse el nombre legalmente. Usted puede convertirse en una nueva persona con nuevo nombre y nueva ciudadanía.

**CONSEJO PRÁCTICO**
Algunos inmigrantes pueden haber adquirido un número de identificación de pagador de impuestos individual (*individual taxpayer identification number, ITIN*) porque no eran elegibles para un número de seguridad social. NO ponga su número ITIN en esta casilla.

## Parte 2: Información sobre su elegibilidad (para la naturalización)

Marque UNA de estas casillas para indicar por qué usted tiene el derecho de solicitar la naturalización. Esto puede ser por haber sido residente permanente legal durante cinco años, tres años como residente permanente legal casado a un ciudadano estadounidense, o por servir en el ejército. Los requisitos de elegibilidad son repasados en la primera parte de este capítulo y descritos en más detalle en el capítulo 2.

## Parte 3: Información sobre usted

- Casilla A: Escriba su número de seguridad social, si tiene uno. Si usted no sabe su número de seguridad social, contacte a la Administración de Seguridad Social (www.ssa.gov). Si usted no tiene un número de seguridad social, escriba "N/A" en esta casilla.
- Casilla B: Escriba su fecha de nacimiento como aparece en su certificado de nacimiento. Escriba la fecha en este orden: mes, día, año.
- Casilla C: Escriba la fecha en la que se convirtió en residente permanente. Usted podrá encontrar esta fecha en su tarjeta de residente permanente. Escriba la fecha en este orden: mes, día, año.
- Casilla D: Escriba el nombre del país en el cual nació, incluso si el país ya no existe.
- Casilla E: Escriba el país de su nacionalidad incluso si es el mismo país en el que nació. Si usted no tiene un país de nacionalidad porque usted es apátrida, escriba el nombre del último país del cual usted tuvo nacionalidad o fue ciudadano. Si usted tiene doble ciudadanía, escriba el nombre del país que le otorgó su último pasaporte.
- Casilla F: Marque esta casilla si uno o ambos de sus padres son ciudadanos estadounidenses.
- Casilla G: Marque la casilla apropiada para indicar su estado civil.
- Casilla H: Marque esta casilla si usted está pidiendo una exoneración de los exámenes de inglés o cívica.
- Casilla I: Marque aquí si usted necesitará algún arreglo especial durante el proceso de naturalización por alguna incapacidad que usted tenga.

**CONSEJO PRÁCTICO**

Si uno o ambos de sus padres son ciudadanos estadounidenses, usted debería averiguar si ya es ciudadano estadounidense antes de completar y enviar el formulario N-400. La mayor parte del tiempo, si uno de los padres es ciudadano estadounidense, entonces usted probablemente obtuvo la ciudadanía estadounidense al nacer.

**CONSEJO PRÁCTICO**

No ponga su necesidad de un intérprete del idioma como pedido de arreglo especial. Usted debería tener conocimiento básico del idioma inglés para poder calificar para la naturalización. Vea el capítulo 2 para más detalles.

## Parte 4: Direcciones y números de teléfono

- Casilla A: Escriba la dirección donde vive. No escriba un número de casilla de correo, use una dirección de calle.
- Casilla B: Escriba una dirección "atención a" solamente si usted recibe correo en otra dirección. Si la dirección de su casa y la dirección de correo es la misma, entonces escriba la palabra "same" en esta casilla.
- Casilla C: Escriba su información de contacto: teléfono, fax y dirección de correo electrónico.

## Parte 5: Información para la búsqueda del historial criminal

- Las casillas desde la A hasta la G: Escriba los datos personales que mejor le describan. La información que ponga aquí es utilizada por la Oficina de Investigación Federal (Federal

Bureau of Investigation, FBI) junto con sus huellas dactilares para realizar un estudio de su historial criminal. Como fue mencionado en el capítulo 2, un historial criminal puede descalificarlo para la naturalización. Sin embargo, usted debería saber que el USCIS no decide sobre su ciudadanía basándose en su raza, género, edad o descripción física.

## Parte 6: Información sobre su residencia y empleo

• Casillas A y B: En estas casillas escriba cada lugar en el que haya vivido y trabajado durante los cinco años antes de llenar la solicitud. Debe anotar todos los países en los que haya vivido, sin importar qué tan largo fue ni que haya sido en un país extranjero. Usted debe también escribir todos los lugares en los que trabajó, incluyendo periodos de auto-empleo o de servicio militar si corresponde. Si estuvo en la escuela en los últimos cinco años, enumere las escuelas.

**CONSEJO PRÁCTICO**
Sea muy preciso con las fechas. Revise para asegurarse que no existan vacíos en la cronología de sus fechas de residencia. Si usted vivió en la ciudad A desde el 1ero de enero del 2006 hasta el 1ero de junio del 2006, y después en la ciudad B, asegúrese que la fecha en que comenzó a vivir en la ciudad B empiece el 2 de junio del 2006. En estas casillas, escriba las fechas en el formato mes, día, año (es decir, 06/01/2006 es el 1ero de junio del 2006).

### CONSEJO PRÁCTICO

Muchos de los solicitantes consideran la parte 7 una de las secciones más difíciles de completar con precisión porque la mayoría de las personas no llevan un registro de cada viaje que hacen. Si usted no está seguro de cuándo o con qué frecuencia estuvo fuera de los Estados Unidos en los últimos cinco años, comience esta sección de la solicitud mirando su pasaporte. Escriba todas las fechas de entrada y salida que encuentre. Use esta lista como punto de partida para la lista en la parte 7. USCIS conoce estas fechas, por lo que usted debe asegurarse de que estén en su lista. Usted debe anotar todos los viajes fuera de los Estados Unidos, incluyendo viajes a Canadá, México y las Islas del Caribe.

## Parte 7: Tiempo fuera de los Estados Unidos

- Casilla A: Calcule el total de días que pasó fuera de los Estados Unidos en los últimos cinco años. Si necesita ayuda, utilice una calculadora como la que está en www.timeanddate.com.
- Casilla B: Escriba el número total de viajes fuera de los Estados Unidos en los últimos cinco años.
- Casilla C: Use esta tabla para escribir todos los viajes que haya hecho fuera de los Estados Unidos. Asegúrese de poner las fechas (utilice el formato mes, día, año) y los países que usted haya visitado.

## Parte 8: Información sobre su estado civil

Si usted ha estado casado, sin importar cuán breve o dónde fue, usted debe completar esta parte.

- Casilla A: Indique cuántas veces usted estuvo casado.
- Casilla B: Dar detalles acerca de su actual esposo o esposa.
- Casillas C, D y E: Responder estas preguntas acerca de su esposo o esposa.
- Casilla F: Dé detalles sobre cualquier matrimonio anterior.
- Casilla G: Si su actual esposo o esposa ha estado casado antes, dé detalles acerca de sus matrimonios anteriores.

## Parte 9: Información sobre sus hijos

- Casilla A: Escribir el número de hijos e hijas que usted haya tenido en toda su vida. Esto significa que debe mencionar a todos sus hijos, incluso si están desaparecidos, muertos, nacidos en otros países, que no vivan con usted, que hayan nacido cuando usted no estaba casado, hijastros o hijos adoptivos.

**CONSEJO PRÁCTICO**

La parte 7 con frecuencia requiere una hoja de papel extra para ingresar todos los viajes que usted haya hecho. Si usted agrega una hoja de papel a su solicitud para esta o cualquier otra respuesta, escriba lo siguiente en la parte superior derecha de cada hoja que incluya:

Su nombre, su número A, el número de formulario (en este caso, N-400), y la parte y casilla a la que esté agregando la información.

**CONSEJOS PRÁCTICOS**

Estar casado con la misma persona más de una vez cuenta como dos matrimonios. Por lo que si usted se casó con su actual esposo o esposa hace veinte años, pasó diez años como soltero o soltera, y después se casó con la misma persona, usted tiene dos matrimonios.

**CONSEJO PRÁCTICO**
La parte 9 puede ser una pregunta sensible para las personas que hayan tenido hijos cuando no estaban casados que no le hayan contado a su actual esposo o esposa.

De todas maneras, el reglamento es claro: usted debe mencionar a todos sus hijos. La solicitud de naturalización es una cuestión privada entre usted y el USCIS, pero hay instancias en las que los cónyuges pueden enterarse de información provista en el formulario.

• Casilla B: Para cada niño, ingrese los datos requeridos. Si el niño está desaparecido, escriba "missing" o desaparecido en la casilla de la dirección actual.

## Parte 10: Preguntas adicionales

Las preguntas que comienzan en la Parte 10 son utilizadas por USCIS para ver si usted cumple con los requisitos de elegibilidad descritos en el capítulo 2. Las preguntas pueden hacerlo sentir incómodo y puede ser desconcertante. Si alguna parte de la pregunta aplica a su caso, usted debe responder que "sí". Por ejemplo, la pregunta 5 en la parte 10 dice "¿Debe algún impuesto federal, estatal o local que esté vencido del plazo de pago? Usted debe responder que "sí" si debe ALGUNO de estos impuestos.

Si usted realmente duda si es que alguna pregunta en particular aplica a su situación personal o a sus actividades, no corra ningún riesgo contestando simplemente que "no". El retener información o dar una respuesta falsa es un crimen y USCIS puede utilizarlo para rechazar su solicitud basándose en el mal carácter moral. Antes de arriesgarse, consulte a un abogado especialista en inmigración competente para averiguar de qué manera usted debería de responder.

- Casilla A: Responda a estas preguntas con "sí" o con "no". Para todas las que responda que "sí" adjunte una explicación. La próxima sección en este capítulo incluye consejos sobre qué tipo de documentos usted pueda necesitar entregar para justificar las respuestas que haya puesto que "sí". Recuerde que el responder que "sí" a una pregunta no significa automáticamente que su solicitud será denegada.
- Casilla B: Enumere todos los grupos, organizaciones, asociaciones, etc., que haya sido miembro o con los cuales haya estado asociado en CUALQUIER país.

Si bien el responder que "sí" no significa automáticamente que su solicitud será denegada, si responde que "sí" a cualquiera de estas preguntas, deberá tener una poderosa y creíble explicación para superar la denegación de ciudadanía. La prohibición contra el trabajo para el partido Comunista, organizaciones terroristas y/o el pasado gobierno Nazi fueron establecidas específicamente en el Acta de Inmigración y Nacionalidad (Immigration and Nationality Act) y a diferencia de otras prohibiciones como las de buen carácter moral, ésta implica mucho menos interpretación de parte de USCIS.

- Casilla C: Responda estas preguntas con un "sí" o con un "no".
- Casilla D: Responda estas preguntas con un "sí" o con un "no".
- Casilla E: Responda "sí" o "no" a estas preguntas. Usted debería saber si alguna de estas acciones migratorias son aplicables a su caso.
- Casilla F: Responda estas preguntas acerca de su servicio militar, si lo hizo.
- Casilla G: Responda a estas preguntas acerca del registro con el

## CONSEJO PRÁCTICO

Estar asociado con una organización o asociación significa estar activamente involucrado con la misma, apoyándola, asistiendo habitualmente a reuniones, contribuyendo dinero, etc. No significa asistir a una charla para aprender más sobre la organización o solamente ser amigo con alguien dentro de la organización.

## CONSEJO PRÁCTICO

Sea particularmente cuidadoso al responder que "sí" y adjunte una explicación para cada pregunta en la cual usted haya tenido contacto de hecho con la policía o una corte. Con frecuencia existen documentos constando tal contacto incluso si no hubo arrestos e incluso si la policía dice que no conservará la constancia del incidente.

servicio selectivo (algunas veces denominado el llamamiento a las filas) solamente si usted es hombre y ha vivido en los Estados Unidos entre los 18 y 26 años de edad.

• Casilla H: NO COMPLETE ESTA PARTE. Le harán responder estas preguntas en su entrevista.

## Parte 11: Su firma

Firme la solicitud antes de enviarla a USCIS.

## Parte 12: Firma de la persona que preparó la solicitud

Si usted mismo no preparó la solicitud, la persona que la preparó debe firmar aquí. Incluso si la persona que preparó la solicitud no es abogado, él o ella debe firmar aquí y brindar la información requerida. Si un abogado prepara la solicitud por usted, él o ella también le pedirán que firme la Notificación de entrada de aparición como abogado o representante (Formulario USCIS G-28), la cual da al abogado el derecho de entrar como su representante ante USCIS.

## Parte 13: Firma en la entrevista

NO COMPLETE ESTA PARTE. Usted firmará aquí después de la entrevista. El proceso de entrevista está descrito en el siguiente capítulo.

## Parte 14: Jura de lealtad

NO COMPLETE ESTA PARTE. Usted deberá completar y firmar esta parte en la entrevista. Su firma en la entrevista significa que usted no tiene objeciones con respecto a prestar juramento de lealtad hacia los Estados Unidos. Usted prestará el juramento real en la ceremonia de naturalización.

# DOCUMENTOS Y COSTOS

Como ya puede ver, una solicitud de ciudadanía estadounidense es

**CONSEJO PRÁCTICO**
Si usted estaba viviendo en los Estados Unidos entre los 18 y los 26 años de edad con una visa de no-inmigrante (por ejemplo, como estudiante con visa F1) estas preguntas no aplican a su caso.

**CONSEJO PRÁCTICO**
Ahora que ha completado su solicitud de naturalización, haga las siguientes tres cosas antes de enviarla a USCIS:
1. REVISE toda la información para asegurarse que es correcta;
2. HAGA UNA COPIA de la solicitud y de todos los documentos que envíe al USCIS; y,
3. CONSERVE esta copia en un lugar seguro para que pueda revisar la solicitud antes de su entrevista.

un ejercicio de documentación. El formulario N-400 es lo suficientemente complicado, pero el paquete de solicitud puede ser aún más complicado dependiendo de su situación personal y del estatus de su solicitud.

TODO solicitante debe enviar una copia de su tarjeta de residente permanente, dos fotos con su número A escrito con lápiz detrás, un cheque u orden de pago para el costo.

Los requisitos de las fotografías son:
• dos fotografías de pasaporte estándar y a color;
• impresas en papel fino, sin montar;
• que muestren su cara completa de frente sin ningún cubrimiento en la cabeza (a menos que su religión le exija cubrirse la cabeza);
• suficiente espacio blanco al margen para permitirle firmar la fotografía si su solicitud es aprobada; y,
• su número A escrito ligeramente con lápiz detrás.

Las costos actuales para solicitar la naturalización son:

| | |
|---|---|
| Costo de enviar el Formulario N-400: | $330.00 |
| Costo biométrico para las huellas dactilares: | 70.00 |
| Costo total: | $400.00 |

Usted debe pagar la tarifa con un cheque o con una orden de pago proveniente de un banco estadounidense y pagable al Departamento de Seguridad de la Nación (Department of Homeland Security). No envíe dinero en efectivo.

Los otros documentos que debe enviar dependerán de sus respuestas a las preguntas en el Formulario N-400. La tabla de verificación en la página 53, adaptada de la tabla de verificación oficial provista por el USCIS, le ayudará a decidir qué documentos enviar.

## DÓNDE ENVIAR SU SOLICITUD

Usted deberá enviar su Formulario N-400 completo y todos los documentos adjuntos al centro de servicio USCIS que funciona en el área donde usted vive.

Si usted vive en Arizona, California, Hawai, Nevada, el Territorio de Guam o la Comunidad de las Islas Mariana del Norte, envíe su solicitud a:

USCIS California Service Center
P.O. Box 10400
Laguna Niguel, CA 92607-1040

**CONSEJOS PRÁCTICOS**
Verifique siempre en la página de Internet de USCIS en www.uscis.gov o llame al servicio al cliente al 800-375-5283 (TTY: 800-767-1833) para averiguar más sobre los costos actuales. Uno de nuestros clientes estaba sorprendido cuando USCIS devolvió un formulario que ella había enviado porque el cheque que ella había enviado era por $5 MÁS de la tarifa requerida.

Si usted vive en Alaska, Colorado, Idaho, Illinois, Indiana, Iowa, Kansas, Michigan, Minnesota, Missouri, Montana, Nebraska, Dakota del Norte, Ohio, Oregon, Dakota del Sur, Utah, Washington, Wisconsin o Wyoming, envíe su solicitud a:

USCIS Nebraska Service Center
P.O. Box 87400
Lincoln, NE 68501-7400

Si usted vive en Alabama, Arkansas, Florida, Georgia, Kentucky, Luisiana, Misisipi, Nuevo México, Carolina del Norte, Oklahoma, Carolina del Sur, Tennessee o Texas, envíe su solicitud a:

USCIS Texas Service Center
P.O. Box 851204
Mesquite, TX 75185-1204

Si usted vive en Connecticut, Delaware, Distrito de Columbia, Maine, Maryland, Massachusetts, Nueva Hampshire, Nueva Jersey, Nueva York, Pensilvania, Rhode Island, Vermont, Virginia, Virginia Occidental (West Virginia), Puerto Rico o las Islas Vírgenes de los Estados Unidos, envíe su solicitud a:

USCIS Vermont Service Center
75 Lower Welden Street
St. Albans, VT 05479-9400

**CONSEJO PRÁCTICO**

Esta información puede encontrarse en la página en Internet del Servicio de Ciudadanía e Inmigración de los Estados Unidos (United States Citizenship and Immigration Services) en www.uscis.gov.

Si usted vive en el extranjero y está enviando el Formulario N-400, usted debería enviar su solicitud al centro de servicio que trabaja para la oficina de USCIS en donde usted quiera ser entrevistado.

## TABLA DE VERIFICACIÓN PARA LA NATURALIZACIÓN

*Primer paso*

Llamar al centro nacional de servicio de atención al cliente del Servicio de Ciudadanía e Inmigración de los Estados Unidos (United States Citizenship and Immigration Services, USCIS) al 800-870-3676 para solicitar los formularios necesarios para solicitar la ciudadanía o visite su página de Internet en www.uscis.gov.

*Segundo paso*

Obtenga de www.uscis.gov los siguientes formularios:

- N-400 (Solicitud de Naturalización)
- N-426 (Certificación del Servicio Militar) completada y certificada por el personal de su sucursal de servicio (ejército solamente)
- G-325B (Información biográfica) (ejército solamente)

También necesitará:

- Dos fotografías tipo pasaporte de 3/4" cada una, las cuales pueden obtenerse en cualquier tienda de departamento o tienda que procese fotografías;
- Una fotocopia de la tarjeta de extranjero residente permanente, de ambos lados;
- Una fotocopia de su tarjeta de identificación militar, de ambos lados (ejército solamente); y,

• Una orden de pago o cheque de caja (tarifa actual para personas no-militares es $330 más $70, por un total de $400).

*Tercer paso*

Completar la solicitud N-400 por completo.

Completar el lado uno del N-426 y llevarlo a su Sucursal de Servicios al Personal (Personnel Service Branch, PSB) para que lo certifiquen (ejército solamente).

Completar el formulario G-325B (ejército solamente).

*Cuarto paso*

Ponga y envíe lo siguiente en un sobre:

• N-400 (solicitud de naturalización) completo, firmado y con fecha, incluyendo toda la documentación necesaria;

• N-426 (Pedido de certificación del Servicio Militar o Naval) (ejército solamente); (ejército solamente);

• G-325B (Información biográfica) (ejército solamente);

• Dos fotografías de 3⁄4" cada una;

• Una orden de pago por la tarifa, pagable al Departamento de Seguridad de la Nación (Department of Homeland Security) o al Servicio de Ciudadanía e Inmigración Estadounidense (U.S. Citizenship and Immigration Services) (chequear con USCIS para las tarifas actuales);

- Fotocopia de su tarjeta de extranjero residente permanente de ambos lados; y,

- Fotocopia de su tarjeta de identificación militar, de ambos lados.

### Quinto paso

Espere a que el USCIS le indique cuando deben tomarle sus huellas dactilares y proceda a asistir a esa cita.

Números de contacto útiles:

Número de servicio al cliente de USCIS: 800-375-5283

Número de solicitud de
  formularios de USCIS: 800-870-3676

Página Web de USCIS: www.uscis.gov

TODOS LOS FORMULARIOS PUEDEN SER OBTENIDOS DE FORMA GRATUITA DE USCIS.

# CAPÍTULO 4:
# ¿QUÉ SUCEDE UNA VEZ QUE MI SOLICITUD HA SIDO PRESENTADA?

Ahora que usted ha presentado una solicitud de naturalización, completamente llenada, aún hay una serie de pasos que usted debe tomar. Este proceso es, en verdad, una de aquellas situaciones en las que uno debe ser el mejor promotor de si mismo. Es decir, usted mismo debe asegurarse que esté llevando a cabo el seguimiento correspondiente a su solicitud a medida que ésta recorre la burocracia administrativa del USCIS.

Este capítulo explica lo que usted puede esperar una vez que el paquete de aplicación que constituye su solicitud haya sido presentado. A pesar de que los plazos pueden variar de solicitante a solicitante y de una región a otra de los Estados Unidos, en aquellos lugares donde la solicitud pudiese ser presentada, el proceso es más o menos el mismo en todas partes. Este capítulo describe una tramitación normal y le ofrece consejos e información para ayudarlo a resolver problemas si es que su solicitud no pareciera estar tramitándose de acuerdo a los plazos establecidos por el USCIS.

## CONSEJO PRÁCTICO

Es en su mejor interés asegurarse que cualquier correspondencia que usted envíe a una oficina del USCIS pueda ser rastreada ya sea a través de la Oficina Postal de los Estados Unidos o a través de un servicio de correo expreso tal como ser FedEx, UPS, o DHL. Este no es un buen momento para ahorrar dinero o ser mezquino con las tarifas de correo. A usted le justifica plenamente gastar un poco de dinero enviando su paquete ya sea por correo certificado a través de la oficina postal, o por medio de un servicio de envíos privado que le pueda proporcionar un número de guía que pueda ser rastreado y que requiera la firma del destinatario para confirmar su entrega.
(continuá)

# LA RECEPCIÓN DE SU SOLICITUD

A diario, las oficinas de USCIS en todo el país reciben un número increíble de solicitudes de gente que busca beneficiarse con diversos tipos de beneficios migratorios. El gobierno está continuamente intentando mejorar sus procedimientos de recepción y respuesta a la ingente cantidad de documentación que recibe. Aún así, usted es responsable de asegurarse de haber llenado su solicitud completamente y de haberla presentado ante la oficina correcta del USCIS.

Una vez que su paquete haya sido enviado y usted ha verificado su entrega, usted debe contar seis semanas calendario desde esa fecha. Dentro de este periodo de tiempo, usted debería recibir una notificación del USCIS indicando que su paquete ha sido recibido y que su solicitud está siendo procesada. Esta información viene impresa en su Notificación de Recepción (Formulario del USCIS I-797C— "Receipt Notice") y contiene información muy importante en relación a su solicitud. La Notificación de Recepción le indicará que el tipo de caso que usted a presentado constituye una Solicitud de Naturalización (Formulario del USCIS N-400—"Application for Naturalization"). La Notificación de Recepción también incluye su nombre, su dirección, su número A (A-number) y el monto que usted ha pagado.

Otra información crucial que la Notificación de Recepción

(continuá)
Asimismo, tenga muy presente que los servicios de entrega especial no aceptan paquetes enviados a una casilla o apartado postal (PO Box); por lo cual si usted está pensando utilizar un servicio privado de mensajería o entregas en vez de la oficina de correos, usted debe contactarse con el USCIS o dirigirse a su página Web a fin de obtener la dirección correcta para su envió.

contiene es la fecha de recepción del documento, la cual es la fecha que USCIS reconoce como la fecha de recepción oficial de su solicitud. De igual manera, se incluye una fecha de prioridad. Esta fecha es irrelevante en relación a los trámites de solicitud de naturalización pero es de gran relevancia para varios otros tipos de solicitudes presentadas con USCIS.

La Notificación de Recepción también tendrá un número de solicitud. Este es el número que usted puede utilizar para seguir el progreso de su solicitud dentro del sistema USCIS. Si usted necesita contactar a USCIS para preguntar sobre algún aspecto de su caso particular o para obtener información actualizada, usted deberá saber el número de su solicitud.

**CONSEJO PRÁCTICO**

Si cualquier información contenida en la Notificación de Recepción es incorrecta, usted debe informar al USCIS inmediatamente sobre estos extremos a fin de que dicho error pueda ser rectificado lo más pronto posible. Asimismo, siempre esté preparado para presentar la documentación sustentatoria que respalde sus afirmaciones de que se cometió un error. Por ejemplo, si el error consiste en que su nombre está mal escrito, proporcione una copia de su tarjeta de residencia. De igual manera, si el error consiste en un Número A incorrecto, proporcione una copia de su tarjeta de residencia en la cual el número A correcto esté consignado.

Si usted no ha recibido ninguna correspondencia de USCIS con respecto a su solicitud en las seis semanas desde que la envió por correo, podría ser indicativo de que algo no está bien. Usted debería de reunir sus archivos y asegurarse de tener copias de su recibo de envío antes de contactar a USCIS para preguntar sobre el estatus de su caso. Usted necesitará estar listo para dar la fecha en que envió la solicitud, el tipo de servicio de correo que utilizó y su número A.

## PROCESO DE OBTENCIÓN DE LAS HUELLAS DACTILARES

Ahora que ha recibido su Notificación de Recepción, usted puede estar tranquilo que su caso ha sido ingresado al sistema de USCIS y que está siendo procesado. Después de recibir la Notificación de Recepción, usted recibirá una notificación indicándole que ha sido citado para hacerse las huellas dactilares. La notificación indicará la fecha, el lugar y la hora de su cita.

La cita para hacerse las huellas dactilares es por lo general fijada en la oficina de biométrica más cercana a la dirección que usted dio en su solicitud. La notificación para la cita de huellas dactilares arriba por lo general algunas semanas antes de la cita, para permitir suficiente tiempo para hacer los arreglos necesarios en su horario como para que pueda conservar esta cita.

Sin embargo, el USCIS reconoce que a veces surgen emergencias. Por lo tanto, si por alguna razón usted no puede conservar su cita para las huellas dactilares, usted debe contactar al USCIS lo más pronto posible y pedirles cambiar su cita. Para hacer este pedido, usted puede llamar al número de USCIS que aparece en la parte de abajo de la solicitud, pero usted también debería seguir las instrucciones para cambiar la cita que aparecen en la notificación misma. La cita de huellas dactilares manda devolver la notificación original con un pedido de cambio de la cita por escrito.

Si bien las citas de huellas dactilares son cambiadas rápidamente, por lo general dentro de

**CONSEJO PRÁCTICO**
En la Notificación de Recepción aparecerá un cálculo aproximado del tiempo que USCIS estima tardará en contactarlo para una entrevista. Usualmente esta aproximación parece elevada (por ej. 565 días). Sin embargo, ¡no planifique su calendario según esta aproximación! El tiempo que lleva procesar una solicitud con frecuencia depende de qué tan completo esté el paquete de solicitud, cuántos oficiales estén disponibles para procesar tales solicitudes y qué tanto trabajo acumulado tengan en cada oficina.
(continuá)

(continuá)
Estos factores cambian a diario. Por lo tanto, los solicitantes estarán con frecuencia positivamente sorprendidos al ser contactados para su entrevista ántes de la fecha aproximada. Por otro lado, el procesamiento de estas solicitudes puede llevar mucho más de lo que fue aproximado. En tales casos, usted debería estar preparado para contactar al USCIS acerca de su caso para asegurarse que no lo hayan olvidado.

los dos meses, usted no debería hacer planes fijos para cuándo usted crea que será la nueva cita. Usted debe esperar a que le llegue la nueva notificación de huellas dactilares antes de dirigirse al centro biométrico.

Si usted no sabe que va a tener que cambiar la cita original hasta el día de la cita misma o poco antes de la fecha de la cita, envíe una carta junto con la notificación original pidiendo un cambio de cita. Exprese que aún está interesado en su solicitud de naturalización y explique por qué tuvo que esperar hasta último momento para pedir cambio de cita. Si usted simplemente no se presenta a su cita de huellas dactilares y no pide cambio de cita, el USCIS asumirá que ha abandonado su solicitud y frenará el proceso de su solicitud. Si esto sucede, usted perderá todo el dinero y tiempo que ha invertido en el proceso hasta este punto.

Cuando vaya al centro biométrico, se le tomarán sus huellas dactilares las cuales serán enviadas a una oficina del FBI en donde se realizará un chequeo de sus antecedentes. Recuerde, hay ciertas actividades criminales por las cuales usted puede ser denegado la naturalización y por los cuales puede estar sujeto a extracción o deportación de los Estados Unidos.

## ENTREVISTA AL SOLICITANTE

Ahora que sus huellas dactilares han sido tomadas, usted será notificado sobre cuándo será su entrevista. El USCIS le enviará una notificación diciéndole cuándo y dónde será su entrevista. La notificación también la dará información sobre qué llevar a la entrevista.

Todo solicitante debe llevar su tarjeta de residente permanente y un pasaporte válido. En algunos casos, el USCIS pedirá que el solicitante lleve documentos extras a la entrevista. Este pedido puede hacerse porque el archivo de USCIS está incompleto o porque pedía documentos que no fueron enviados inicialmente.

El USCIS por lo general lo contactará algunas semanas antes de la entrevista fijada, para que pueda planificar el estar disponible y en el país cuando la fecha llegue. Una vez más, el USCIS reconoce que suceden imprevistos de emergencia; sin embargo, será lo mejor para usted asistir a la entrevista en la fecha que le fue fijada la misma. Si debe cambiar la fecha de la entrevista, no hay modo de saber cuándo será la nueva fecha. Podría ser hasta un año después de la fecha original.

### CONSEJOS PRÁCTICOS

Si usted tiene antecedentes criminales en su historial, es recomendable que busque la ayuda de un abogado antes de enviar su solicitud de naturalización al USCIS. Con el consejo de un abogado especialista en inmigración que practique el derecho migratorio aplicado al derecho criminal, usted puede tomar una decisión informada sobre si enviar una solicitud o no.

**CONSEJO PRÁCTICO**

Hay algunos individuos que no están de acuerdo con la forma en que está escrito el juramento debido a creencias religiosas en contra de la guerra y/o de la violencia. Para estas personas, hubiese sido mejor haberlo expresado cuando se envió la solicitud y no hacerlo por primera vez durante la entrevista. El oficial le preguntará acerca de sus creencias para determinar si son sinceras, pero una vez satisfecho, él podrá brindar una alternativa de juramento que tenga en cuenta su objeción con la guerra y/o la violencia.

Una vez que haya despejado su calendario para la entrevista y que haya reunido los documentos que se le pedían en la notificación, usted debería prepararse para el examen. Asegúrese de haber estudiado las preguntas de ejemplo lo suficiente como para poder contestarlas. Del mismo modo, asegúrese de tener un buen manejo del idioma inglés para poder hablar y escribir una oración en inglés corriente.

Durante la entrevista, usted puede esperar que el oficial de USCIS le pregunte sobre la información que usted puso en su solicitud N-400. El oficial verificará la información para asegurarse que lo que sale de su boca es la misma información que está en la solicitud. Si hay discrepancias en la información, por ejemplo con fechas o lugares, esto puede hacer que el oficial tenga sospechas.

El oficial le pedirá que hable y/o que escriba una oración simple en inglés. El oficial también lo examinará en cuanto a su conocimiento de la historia y el gobierno estadounidenses. El oficial elegirá de una lista de aproximadamente cien preguntas. Usted debe poder responder seis de las diez respuestas correctas. Si responde las primeras seis correctamente, el oficial puede dar por finalizado el examen y seguir con el resto de la entrevista. Sin embargo, el oficial puede preguntarle las diez preguntas, incluso si respondió las primeras seis correctamente.

Una vez que complete el examen verbal sobre historia y gobierno, el oficial le pedirá que preste el juramento que está impreso en la última página de la solicitud N-400 y le pedirá que firme su nombre para indicar que ha jurado y que está de acuerdo con el juramento.

Al concluir la entrevista, puede que el oficial de USCIS le informe verbalmente que usted ha pasado la entrevista con éxito y que pronto recibirá una carta a tal efecto en el correo. Sin embargo, el oficial no está obligado a informarle de ninguna manera si usted pasó exitosamente la entrevista. En algunos casos, el oficial simplemente le agradecerá por su visita y le informará que recibirá una carta por correo en la que se le indicará si pasó la entrevista.

# CAPÍTULO 5:
# ¿CUÁNDO ME ENTERARÉ SI SOY UN CIUDADANO ESTADOUNIDENSE?

Normalmente, usted sentirá un gran alivio después de la entrevista, tan solo porque todo el proceso puede poner a las personas nerviosas. Si al final de la entrevista, el oficial de USCIS le informa verbalmente que su solicitud ya ha sido aprobada, usted tiene motivo por el cual estar feliz. Sin embargo, tenga en cuenta que la decisión no es oficial hasta recibir la confirmación de la decisión.

## APROBACIÓN DE LA SOLICITUD

Poco después de su entrevista, recibirá una carta por correo confirmando oficialmente que su solicitud ha sido aprobada. En ese momento, usted puede estar relativamente seguro al saber que ya completó todos los pasos para convertirse en ciudadano estadounidense a excepción de uno.

Finalmente, poco después de recibir la carta por correo, usted recibirá otra notificación de cita (esta debería ser la última). Esta es para la ceremonia de juramento. Esta notificación contendrá la fecha, el lugar y la hora de su ceremonia.

En la ceremonia, seguramente se encuentre en una sala con muchas otras personas, a veces cientos de otras personas, quienes, al igual que usted, han sido aprobados y están cumpliendo con el último paso hacia convertirse en ciudadanos estadounidenses.

Durante la ceremonia, se le exigirá la entrega de su tarjeta de residencia permanente. Esto no es algo malo, dado que usted ya no necesitará de la misma. También se le exigirá que preste juramento en voz alta en frente a un juez u otro oficial de USCIS.

Al final de la ceremonia, se le entregará un papel formal, que es su certificado de naturalización. Este documento es muy importante y será la evidencia que ahora es usted un ciudadano estadounidense. Con este documento puede solicitar un pasaporte estadounidense, el cual le permitirá viajar libremente hacia y desde los Estados Unidos.

De hecho, es muy recomendado que usted obtenga su pasaporte lo antes posible después del juramento. Por lo general hay una o más agencias de pasaporte ubicadas cerca de las ciudades en donde se hacen los juramentos. No es recomendable que lleve consigo el certificado de naturalización debido a que hay un gran riesgo de extravío, y puede demorar hasta un año obtener un certificado de reemplazo. Es preferible que lleve su pasaporte como evidencia de su calidad de ciudadano. Aunque perder el pasaporte sería un inconveniente, al menos es relativamente fácil conseguir uno nuevo.

# RECHAZO DE LA SOLICITUD

Si usted ha completado correctamente la solicitud N-400, ha enviado toda la documentación necesaria, la ha enviado a la oficina apropiada, ha pagado la tarifa apropiada y ha completado la entrevista, pueden pasar tres cosas:

1. Se le otorgará la ciudadanía estadounidense (el resultado habitual);
2. Su caso será continuado porque no pasó el examen de inglés o de cívica o porque usted no envió los documentos apropiados; o,
3. Su caso será rechazado.

Esta parte del capítulo habla de este peor resultado. Un rechazo puede suceder sin importar qué tan bien preparado usted esté, pero este no es el final del camino para usted. Hay otros pasos que usted puede tomar.

## Opciones para Apelar al Rechazo

Lo primero que hay que hacer si su solicitud ha sido rechazada es mantener la calma. Después hay que revisar cuidadosa y completamente la notificación de rechazo. Le está exigido al USCIS informarle a usted por qué rechazó su solicitud.

Pregúntese a usted mismo si el rechazo está basado en una razón factual que no puede negarse ni disputarse. Por ejemplo, si usted fue de hecho un miembro de una organización terrorista, encontrará que es imposible superar un rechazo hecho por esta razón. Con más frecuencia, sin embargo, el rechazo se basa en un hecho que no es tan preciso.

Al revisar las decisiones de rechazo, las razones más comunes son la falta de buen carácter moral, falta de la residencia continua necesaria en los Estados Unidos y motivos de impuestos. Estas causas de rechazo pueden a veces superarse por medio de la argumentación legal y de la entrega de documentación adicional.

Por ejemplo, una mujer fue denegada la ciudadanía estadounidense por estar viviendo con un hombre con el cual no estaba casada. El examinador de USCIS concluyó que esto era evidencia de mal carácter moral. La mujer pudo sobrepasar esta conclusión al demostrar que su situación de vivienda era tan moral como el de cualquier matrimonio excepto sin el certificado de matrimonio y que la sociedad moderna acepta a parejas no casadas viviendo juntos como un arreglo moralmente correcto.

La lección a aprender de este ejemplo es que si usted piensa que el rechazo ha sido hecho incorrectamente, usted debería apelar la decisión.

Para apelar la decisión, usted debería de comenzar por enviar un Pedido de Audiencia sobre una Decisión en Procedimientos de Naturalización (Formulario USCIS N-336) a la oficina que le dio la decisión desfavorable. Debe enviar este formulario dentro de los treinta días del rechazo. (Tiene treinta y tres días si la decisión fue enviada por correo.) Para completar el formulario N-336, simplemente indique que quiere una audiencia y especifique el motivo de tal pedido.

Usted debe prepararse cuidadosamente para la audiencia tratando en detalle las razones específicas por las cuales fue rechazado. Si usted no ha consultado a un abogado hasta este punto en su solicitud, debería de hacerlo cuando se trate de un rechazo.

Si el USCIS rechaza su solicitud después de la audiencia, aún tiene otra oportunidad de apelar el rechazo e intentar obtener una decisión positiva. Puede apelar la decisión de USCIS en una corte de distrito federal. Éste es un procedimiento complicado y a veces caro. Debería de consultar a un abogado antes de decidir tomar este paso, para evaluar cuáles son sus posibilidades de ganar.

## Volver a solicitar la ciudadanía estadounidense

Si su solicitud es rechazada, a veces se puede volver a solicitar en lugar de luchar contra el rechazo. El volver a solicitar implica enviar un formulario N-400 completamente nuevo, tarifas, etc. Volver a solicitar es apropiado en las siguientes situaciones:

• Usted fue rechazado porque no pasó el examen de inglés y ahora usted ha mejorado su inglés.

• Usted fue rechazado porque no pasó el examen de cívica y ahora usted ha mejorado su conocimiento. O,

• Usted fue rechazado por algún otro motivo, pero su situación ha cambiado de tal modo que la situación ya no aplica (por ejemplo, usted había sido rechazado por cargos criminales que habían sido presentados en su contra, pero el procedimiento criminal ya se ha decidido a su favor, dejándolo sin antecedentes criminales).

# APÉNDICE A:

# PREGUNTAS Y RESPUESTAS

# PARA EL NUEVO EXAMEN

# PILOTO DE NATURALIZACIÓN

Las siguientes preguntas son compiladas por el USCIS y se pueden encontrar en la página Web **www.uscis.gov**.

*\* Si usted tiene 65 años de edad o más y ha sido residente permanente legal de los Estados Unidos durante 20 años o más, usted puede estudiar solamente las preguntas que han sido marcadas con un asterisco.*

# PREGUNTAS Y RESPUESTAS DEL EXAMEN PILOTO

## Gobierno estadounidense
Principios de la democracia estadounidense

## P. Nombre una idea importante que se encuentre en la Declaratoria de la Independencia.
[*Name one important idea found in the Declaration of Independence.*]

R. Las personas nacen con derechos naturales.
[*People are born with natural rights.*]

R. El poder del gobierno proviene de las personas.
[*The power of government comes from the people.*]

R. Las personas pueden cambiar el gobierno si éste perjudica sus derechos naturales.
[*The people can change their government if it hurts their natural rights.*]

R. Todas las personas son creadas en igualdad.
[*All people are created equal.*]

## *P. ¿Cuál es la ley suprema de la nación?
[*What is the supreme law of the land?*]

R. La Constitución
[*The Constitution*]

## P. ¿Cuál es la función de la Constitución?

[*What does the Constitution do?*]

R. Establece el gobierno.

[*It sets up the government.*]

R. Protege los derechos básicos de los estadounidenses.

[*It protects the basic rights of Americans.*]

## P. ¿Qué significa "Nosotros el pueblo" en la Constitución?

[*What does "We the People" mean in the Constitution?*]

R. El poder del gobierno viene del pueblo.

[*The power of government comes from the people.*]

## P. ¿Cómo llamamos a los cambios a la Constitución?

[*What do we call changes to the Constitution?*]

R. Enmiendas

[*Amendments*]

## P. ¿Qué es una enmienda?

[*What is an amendment?*]

R. Es un cambio a la Constitución.

[*It is a change to the Constitution.*]

## P. ¿Cómo le llamamos a las primeras diez enmiendas?

[*What do we call the first ten amendments to the Constitution?*]

R. El "Bill of Rights" o Declaración de Derechos
   [*The Bill of Rights*]

## *P. Nombre un derecho o libertad que provenga de la Primera Enmienda.

[*Name one right or freedom from the First Amendment.*]

R. Palabra
   [*Speech*]

R. Religión
   [*Religion*]

R. Reunión
   [*Assembly*]

R. Prensa
   [*Press*]

R. Petición al gobierno
   [*Petition the government*]

## P. ¿Cuántas enmiendas tiene la Constitución?

[*How many amendments does the Constitution have?*]

R. Veintisiete (27)
   [*Twenty-seven*]

## P. ¿Qué hizo la Declaratoria de la Independencia?

[*What did the Declaration of Independence do?*]

R. Anunció la independencia de los Estados Unidos de Gran Bretaña.

[*Announce the independence of the United States from Great Britain*]

R. Decir que los Estados Unidos es libre de Gran Bretaña.

[*Say that the U.S. is free from Great Britain.*]

## P. ¿Qué significa libertad de religión?

[*What does freedom of religion mean?*]

R. Que se puede practicar cualquier religión que quiera, o ninguna.

[*You can practice any religion you want, or not practice at all.*]

## P. ¿Qué tipo de sistema económico tienen los Estados Unidos?

[*What type of economic system does the U.S. have?*]

R. Economía capitalista

[*Capitalist economy*]

R. Libre Mercado

[*Free market*]

R. Economía de Mercado

[*Market economy*]

Sistema de gobierno

## P. ¿Cuáles son los poderes o partes del gobierno?
[*What are the three branches or parts of the government?*]

R. Ejecutivo, legislativo, y judicial
[*Executive, legislative, and judicial*]

R. Congreso, el Presidente, las cortes
[*Congress, the President, the courts*]

## P. Nombre un poder o parte del gobierno.
[*Name one branch or part of the government.*]

R. Congreso
[*Congress*]

R. Legislativo
[*Legislative*]

R. Presidente
[*President*]

R. Ejecutivo
[*Executive*]

R. Las cortes
[*The courts*]

R. Judicial
[*Judicial*]

## P. ¿Quién está a cargo del poder ejecutivo?
[*Who is in charge of the executive branch?*]

R. El Presidente
[*The President*]

## P. ¿Quién hace las leyes federales?

[*Who makes federal laws?*]

R. El congreso

[*Congress*]

R. El Senado y la Cámara de Representantes

[*The Senate and House (of Representatives)*]

R. La legislatura (estadounidense o nacional)

[*The (U.S. or national) legislature*]

## P. ¿Cuáles son las dos partes del Congreso de Estados Unidos?

[*What are the two parts of the United States Congress?*]

R. El Senado y la Cámara de Diputados (o Representantes)

[*The Senate and House (of Representatives)*]

## P. ¿Cuántos senadores de los Estados Unidos hay?

[*How many United States Senators are there?*]

R. 100

## *P. ¿Por cuántos años elegimos a un Senador nacional?

[*We elect a U.S. Senator for how many years?*]

R. Seis (6)

[*Six*]

## *P. Nombre a los senadores nacionales de su estado.

[*Name your state's two U.S. Senators.*]

R. Las respuestas varían. (Para los residentes del Distrito de Columbia y los residentes de los territorios Estadounidenses, la respuesta es que DC—o el territorio en donde el solicitante vive—no tiene senadores nacionales)

## P. ¿Cuántos senadores nacionales tiene cada estado?

[*How many U.S. Senators does each state have?*]

R. Dos (2)

[*Two*]

## *P. ¿Cuántos miembros con derecho a voto tiene la Cámara de Representantes?

[*The House of Representative  has how many voting members?*]

R. 435

## P. ¿Por cuántos años elegimos a un Diputado nacional?

[*We elect a U.S. Representative for how many years?*]

R. Dos (2)

[*Two*]

## P. Nombre a su Diputado nacional.

[*Name your U.S. Representative.*]

R. Las respuestas varían. (Los residentes de los territorios que tengan delegados que no votan o los comisionados residentes pueden proporcionar el nombre del representante o comisionado. También es aceptable una respuesta de que el territorio no tiene representantes (votantes) en el congreso.)

## P. ¿A quién representa un Senador nacional?

[*Who does a U.S. Senator represent?*]

R. A las personas del estado
[*All people of the state*]

## P. ¿A quien representa un Diputado nacional?

[*Who does a U.S. Representative represent?*]

R. A las personas del distrito
[*All people of the district*]

## P. ¿Qué es lo que decide el número de representantes nacionales que tiene cada estado?

[*What decides each state's number of U.S. Representatives?*]

R. La población del estado
[*The state's population*]

## P. ¿Cómo se decide el número de representantes por estado?

[*How is each state's number of Representatives decided?*]

R. La población del estado

[*The state's population*]

## *P. ¿Por qué hay tres poderes del gobierno?

[*Why do we have three branches of government?*]

R. Para que ninguno de los poderes tenga demasiado poder.

[*So no branch is too powerful.*]

## P. Nombre un ejemplo de controles y balances.

[*Name one example of checks and balances.*]

R. El presidente veta una ley.

[*The President vetoes a bill.*]

R. El congreso confirma o no confirma una nominación del presidente.

[*Congress can confirm or not confirm a President's nomination.*]

R. El congreso aprueba el presupuesto del presidente.

[*Congress approves the President's budget.*]

R. La suprema corte abroga una ley.

[*The Supreme Court strikes down a law.*]

## P. ¿Por cuántos años elegimos al Presidente?

[*We elect a President for how many years?*]

R. Cuatro (4) años

[*Four years*]

## P. ¿Qué edad debe tener un Presidente?

[*How old must a President be?*]

R. Treinta y cinco (35) años o más
   [*Thirty-five years or older*]

R. Al menos treinta y cinco (35)
   [*At least thirty-five*]

## P. Para convertirse en Presidente de los Estados Unidos, ¿que debe ser la persona al nacer?

[*To become President of the United States, what must the person be at birth?*]

R. Un ciudadano
   [*A citizen*]

## P. ¿Quién es el presidente actual?

[*Who is the President now?*]

R. (Presidente actual) al 1 de julio de 2007, George W. Bush)
   [*(Current president) (as of July 1, 2007, George W. Bush)*]

## P. ¿Cuál es el nombre del presidente de los Estados Unidos?

[*What is the name of the President of the United States?*]

R. (Presidente actual) (al 1 de julio de 2007, George W. Bush)
   [*(Current president) (as of July 1, 2007, George W. Bush)*]

R. (Presidente) George W. Bush
   [*(President) George Bush*]

R. George W. Bush

R. Bush

## P. ¿Quién es el vicepresidente actual?

[*Who is the Vice President now?*]

R. (Vicepresidente actual) (al 1 de julio de 2007, Richard (Dick) Cheney)

[*(Current vice president) (as of July 1, 2007, Richard (Dick) Cheney)*]

R. Dick Cheney

R. Cheney

## P. ¿Cuál es el nombre del vicepresidente de los Estados Unidos?

[*What is the name of the Vice President of the United States?*]

R. (Vicepresidente actual) (al 1 de julio de 2007, Richard (Dick) Cheney)

[*(Current Vice President) (as of July 1, 2007, Richard (Dick) Cheney)*]

R. Dick Cheney

R. Cheney

## P. ¿Si el presidente no pudiese seguir en el poder, quién se convierte en el presidente?

[*If the President can no longer serve, who becomes President?*]

R. El vicepresidente

[*The Vice President*]

**P. ¿Quién se convierte en presidente si el presidente ni el vicepresidente pueden continuar su mandato?**

[*Who becomes President if both the President and the Vice President can no longer serve?*]

R. El portavoz de la Cámara de Representantes
[*The Speaker of the House*]

**P. ¿Quién es el comandante en jefe del ejército?**

[*Who is the Commander-in-Chief of the military?*]

R. El presidente
[*The President*]

**P. ¿Cuántos mandatos completos puede cumplir el presidente?**

[*How many full terms can a President serve?*]

R. Dos (2)
[*Two*]

**P. ¿Quién firma proyectos de ley para convertirlos en leyes?**

[*Who signs bills to become laws?*]

R. El presidente
[*The President*]

## P. ¿Quién veta los proyectos de ley?

[*Who vetoes bills?*]

R. El presidente
[*The President*]

## P. ¿Qué es un veto?

[*What is a veto?*]

R. El presidente se rehúsa a firmar un proyecto de ley emitido por el congreso.
[*The President refuses to sign a bill passed by Congress.*]

R. El presidente dice que no a un proyecto de ley.
[*The President says no to a bill.*]

R. El presidente rechaza un proyecto de ley.
[*The President rejects a bill.*]

## *P. ¿Qué hace el gabinete del presidente?

[*What does the President's Cabinet do?*]

R. Aconseja al presidente
[*Advises the President*]

## P. Nombre dos puestos a nivel de gabinete.

[*Name two Cabinet-level positions.*]

R. Secretario de agricultura
[*Secretary of Agriculture*]

R. Secretario de comercio
[*Secretary of Commerce*]

R. Secretario de defensa
[*Secretary of Defense*]

R. Secretario de educación
[*Secretary of Education*]

R. Secretario de energía
[*Secretary of Energy*]

R. Secretario de salud y servicios humanos
[*Secretary of Health and Human Services*]

R. Secretario de seguridad de la nación
[*Secretary of Homeland Security*]

R. Secretario de vivienda y desarrollo urbano
[*Secretary of Housing and Urban Development*]

R. Secretario del interior
[*Secretary of the Interior*]

R. Secretario de estado
[*Secretary of State*]

R. Secretario de transporte
[*Secretary of Transportation*]

R. Secretario del tesoro
[*Secretary of the Treasury*]

R. Secretario de asuntos de veteranos de guerra
[*Secretary of Veterans' Affairs*]

R. Fiscal general
[*Attorney General*]

R. Secretario de trabajo
[*Secretary of Labor*]

## P. ¿Cuál agencia de gabinete aconseja al presidente en material de política exterior?

[*What Cabinet-level agency advises the President on foreign policy?*]

R. El Departamento de Estado
[*The State Department*]

## *P. ¿Qué hace el poder judicial?

[*What does the judicial branch do?*]

R. Revisa y explica las leyes
[*Reviews and explains the law*]

R. Resuelve disputas entre partes
[*Resolves disputes between parties*]

R. Decide si una ley va en contra de la constitución
[*Decides if a law goes against the Constitution*]

## P. ¿Quién confirma a los jueces de la Corte Suprema?

[*Who confirms Supreme Court Justices?*]

R. El Senado
[*The Senate*]

## P. ¿Quién es el presidente de la Corte Suprema de Estados Unidos?

[*Who is the Chief Justice of the United States Supreme Court?*]

R. John Roberts (John G. Roberts, Jr.)

## P. ¿Cuántos jueces tiene la Corte Suprema?

[*How many justices are on the Supreme Court?*]

R. Nueve (9)

[*Nine*]

## P. ¿Quién nomina a los jueces de la Corte Suprema?

[*Who nominates justices to the Supreme Court?*]

R. El presidente

[*The President*]

## P. Nombre una sola cosa que puede hacer el gobierno federal.

[*Name one thing only the federal government can do?*]

R. Imprimir dinero

[*Print money*]

R. Declarar la guerra

[*Declare war*]

R. Crear un ejército

[*Create an army*]

R. Hacer tratados

[*Make treaties*]

**P. ¿Qué es una cosa que puede hacer un gobierno estatal?**

[*What is one thing a state government can do?*]

R. Proporcionar escuelas y educación

[*Provide schooling and education*]

R. Brindar protección (policía)

[*Provide protection (police)*]

R. Brindar seguridad (departamentos de bomberos)

[*Provide safety (fire departments)*]

R. Otorgar licencias de conducir

[*Give a driver's license*]

R. Aprovechar el uso de zonificación y de tierras

[*Approve zoning and land use*]

**P. ¿Qué significa que la Constitución estadounidense es una constitución de poderes limitados?**

[*What does it mean that the U.S. Constitution is a constitution of limited powers?*]

R. El gobierno federal sólo tiene los poderes que dice la Constitución que tiene.

[*The federal government has only the powers that the Constitution states that it has.*]

R. Los estados tienen todos los poderes que el gobierno federal carece.

[*The states have all powers that the federal government does not.*]

## P. ¿Quién es el gobernador de su estado?

[*Who is the Governor of your state?*]

R. Las respuestas varían. (Los residentes del Distrito de Columbia y los territorios estadounidenses responderían que no tienen un gobernador de estado o que no viven en un estado. Mencionar al gobernador del territorio de Guam es aceptable. Cualquier respuesta que mencione uno de estos puntos es aceptable.)

## P. ¿Cuál es la capital (o ciudad capital) de su estado?

[*What is the capital (or capital city) of your state?*]

R. Las respuestas varían. (Los residentes del Distrito de Columbia deberían responder que el Distrito de Columbia no es un estado, y que por lo tanto no tiene una capital. Cualquier respuesta que incluya uno de estos puntos es aceptable.)

## P. ¿Cuáles son los dos principales partidos políticos hoy en los Estados Unidos?

[*What are the two major political parties in the U.S. today?*]

R. Demócratas y Republicanos
   [*Democrats and Republicans*]

## P. ¿Cuál es la corte superior en los Estados Unidos?

[*What is the highest court in the U.S.?*]

R. La Corte Suprema Estadounidense
   [*The United States Supreme Court*]

**\*P. ¿Cuál es el partido político mayoritario actualmente en la Cámara de Representantes?**

[*What is the majority political party in the House of Representatives now?*]

R. Demócratas
  [*Democrats*]

R. Partido Demócrata
  [*Democratic Party*]

**P. ¿Cuál es el partido político mayoritario actualmente en el Senado?**

[*What is the political party of the majority in the Senate now?*]

R. Demócratas
  [*Democrats*]

R. Partido Demócrata
  [*Democratic Party*]

**P. ¿Cuál es el partido político del actual presidente?**

[*What is the political party of the President now?*]

R. Republicanos
  [*Republican*]

R. Partido Republicano
  [*Republican Party*]

**P.** ¿Quién es el portavoz actual de la Cámara de Representantes?

[*Who is the Speaker of the House of Representatives now?*]

R. Nancy Pelosi


**\*P.** ¿Quién es el líder actual de la mayoría del Senado?

[*Who is the Senate Majority Leader now?*]

R. Harry Reid


**P.** ¿En qué mes se llevan a cabo las elecciones presidenciales en los Estados Unidos?

[*In what month are general presidential elections held in the United States?*]

R. Noviembre

[*November*]


**P.** ¿Cuándo deben todos los hombres registrarse para el Servicio Selectivo?

[*When must all males register for the Selective Service?*]

R. A la edad de 18 años

[*At age 18*]


**P.** ¿Quién es el actual secretario de estado?

[*Who is the Secretary of State now?*]

R. Condoleezza Rice

## P. ¿Quién es el actual Fiscal General?

[*Who is the Attorney General now?*]

R. Alberto González

## *P. ¿Está el actual presidente en su primer o segundo mandato?

[*Is the current President in his first or second term?*]

R. Segundo

[*Second*]

### Estado de derecho

## P. ¿Qué es el auto-gobierno?

[*What is self-government?*]

R. Que los poderes provienen del pueblo.

[*Powers come from the people.*]

R. El gobierno responde al pueblo.

[*Government responds to the people.*]

## P. ¿Quién gobierna al pueblo en un país con auto-gobierno?

[*Who governs the people in a self-governed country?*]

R. El pueblo se gobierna a sí mismo.

[*The people govern themselves.*]

R. El gobierno es electo por el pueblo.

[*The government elected by the people.*]

## P. ¿Qué es el estado de derecho?

[*What is the "rule of law"?*]

R. Todas las personas deben obedecer a la ley.
[*Everyone must obey the law.*]

R. Los líderes deben obedecer la ley.
[*Leaders must obey the law.*]

R. El gobierno debe obedecer la ley.
[*The government must obey the law.*]

## P. ¿Qué son los "derechos inalienables"?

[*What are "inalienable rights"?*]

R. Derechos individuales con los cuales las personas nacen
[*Individual rights that people are born with*]

### Derechos y obligaciones

## P. Hay cuatro enmiendas a la constitución acerca de quién puede votar. Describa una de ellas.

[*There are four amendments to the Constitution about who can vote. Describe one of them.*]

R. Cualquier ciudadano mayor de 18 años puede votar.
[*Any citizen over 18 can vote.*]

R. Cualquier ciudadano de cualquier raza puede votar.
[*Any citizen of any race can vote.*]

R. Cualquier ciudadano, hombre o mujer, puede votar (Hombres y mujeres pueden votar).
[*Any male or female citizen can vote. (Women and men can vote.)*]

R. No se tiene que pagar para votar. (No se tiene que pagar un impuesto al voto para votar)
[*You do not have to pay to vote. (You do not have to pay a poll tax to vote.)*]

## P. Nombre una responsabilidad que sea única para los ciudadanos estadounidenses.

[*Name one responsibility that is only for United States citizens.*]

R. Votar
[*Vote*]

R. Servir en un jurado
[*Serve on a jury*]

## P. Nombre dos derechos que son únicos para ciudadanos estadounidenses.

[*Name two rights that are only for United States citizens.*]

R. El derecho a solicitar empleos federales
[*The right to apply for a federal job*]

R. El derecho al voto
[*The right to vote*]

R. El derecho a postularse a cargos políticos
[*The right to run for office*]

R. El derecho a llevar pasaporte estadounidense
[*The right to carry a U.S. passport*]

## P. Nombre dos derechos para todos aquellos que vivan en los Estados Unidos.

[*Name two rights of everyone living in the U.S.*]

R. Libertad de expresión
   [*Freedom of expression*]

R. Libertad de palabra
   [*Freedom of speech*]

R. Libertad de reunión
   [*Freedom of assembly*]

R. Libertad de petición al gobierno
   [*Freedom to petition the government*]

R. Libertad de culto
   [*Freedom of worship*]

R. Derecho a portar armas
   [*The right to bear arms*]

## P. ¿Qué es la Jura a la Bandera o "Pledge of Allegiance"?

[*What is the "Pledge of Allegiance"?*]

R. Una promesa de lealtad a la bandera y a la nación.
   [*The promise of loyalty to the flag and the nation.*]

## P. Nombre una promesa que hace cuando dice la Jura de Lealtad.

[*Name one promise you make when you say the Oath of Allegiance.*]

R. Renunciar lealtad a otros países. (Renuncio a mi lealtad hacia mi [antiguo][primer][otro] país, o "I give up loyalty to my [old][first][other] country")

[*To give up loyalty to other countries.*]

R. Defender la Constitución y las leyes de los Estados Unidos.

[*To defend the Constitution and laws of the United States.*]

R. Obedecer las leyes de los Estados Unidos.

[*To obey the laws of the United States.*]

R. Servir en el ejército estadounidense si fuese necesario. (Pelear por los Estados Unidos [si fuese necesario].)

[*To serve in the United States military if needed. (To fight for the United Staes [if needed.])*]

R. Servir a la nación si fuese necesario. (Realizar trabajo importante para los Estados Unidos [si fuese necesario].)

[*To serve the nation if needed. (To do important work for the United States [if needed].)*]

R. Ser leal a los Estados Unidos.

[*To be loyal to the United States.*]

## P. ¿Quién puede votar en las elecciones presidenciales estadounidenses?

[*Who can vote in the U.S. presidential elections?*]

R. Todos los ciudadanos de 18 años de edad o mayores

[*All citizens 18 years of age and older*]

R. Todos los ciudadanos registrados de 18 años de edad o mayores

[*All registered citizens 18 years of age and older*]

## P. Nombre dos maneras en que los estadounidenses participan en su democracia.

[*Name two ways that Americans can participate in their democracy.*]

R. Votan
   [*Vote*]

R. Se afilian a un partido político
   [*Join a political party*]

R. Ayudan con una campaña
   [*Help out with a campaign*]

R. Se afilian a un grupo cívico
   [*Join a civic group*]

R. Se afilian a un grupo comunitario
   [*Join a community group*]

R. Le informan su opinión sobre algún tema a un oficial electo
   [*Tell an elected official your opinion on an issue*]

R. Llaman a sus Senadores o Representantes
   [*Call your Senators and Representatives*]

R. Apoyan o rechazan públicamente una política o asunto
   [*Publicly support or oppose an issue or policy*]

R. Se postulan a cargos políticos
   [*Run for office*]

R. Le escriben a un periódico
   [*Write to a newspaper*]

**P. ¿Cuál es el último día en el que puede enviar sus formularios del impuesto federal a la renta?**

[*When is the last day you can send in federal income tax forms?*]

R. 15 de abril

[*April 15*]

**P. Nombre dos derechos naturales o inalienables de la Declaración de la Independencia.**

[*Name two of the natural, or inalienable, rights in the Declaration of Independence.*]

R. Vida

[*Life*]

R. Libertad

[*Liberty*]

R. La búsqueda de la felicidad

[*The pursuit of happiness*]

## HISTORIA ESTADOUNIDENSE
### Colonial e independencia

**P. ¿Quién escribió la Declaración de la Independencia?**

[*Who wrote the Declaration of Independence?*]

R. Thomas Jefferson

## P. ¿Cuándo fue adoptada la Declaración de la Independencia?

[*When was the Declaration of Independence adopted?*]

R. El 4 de julio de 1776

[*July 4, 1776*]

## P. Nombre una razón por la cual los colonos vinieron a América.

[*Name one reason why the colonists came to America.*]

R. Libertad

[*Liberty*]

R. Libertad política

[*Political liberty*]

R. Libertad religiosa

[*Religious freedom*]

R. Oportunidad económica

[*Economic opportunity*]

R. Para practicar su religión

[*To practice their religion*]

R. Para escapar la persecución

[*To escape persecution*]

## *P. ¿Qué sucedió en la Convención Constitucional?

[*What happened at the Constitutional Convention?*]

R. Se escribió la Constitución.

[*The Constitution was written.*]

R. Los fundadores de la patria escribieron la Constitución.

[*The Founding Fathers wrote the Constitution.*]

## P. ¿Por qué los colonos se pelearon con los ingleses?

[*Why did the colonists fight the British?*]

R. Tenían que pagar altos impuestos pero no tenían voz ni voto al respecto. (Impuestos sin representación.)

[*They had to pay high taxes but did not have any say about it. (Taxation without representation.)*]

R. El ejército inglés se quedó en sus casas. (alojamiento, compartimientos)

[*The British Army stayed at their houses. (boarding, quartering)*]

R. Los ingleses negaron a los colonos la posibilidad de auto-gobierno.

[*The British denied the colonists self-government.*]

## P. ¿Cuando fue escrita la Constitución?

[*When was the Constitution drafted?*]

R. 1787

## P. Hay 13 estados originales. Nombre tres.

[*There were 13 original states. Name three.*]

R. Connecticut, Delaware, Georgia, Maryland, Massachusetts, Nueva Hampshire, Nueva Jersey, Nueva York, Carolina del Norte, Pensilvania, Rhode Island, Carolina del Sur y Virginia.

[*Connecticut, Delaware, Georgia, Maryland, Massachusetts, New Hampshire, New Jersey, New York, North Carolina, Pennsylvania, Rhode Island, South Carolina, and Virginia.*]

## P. ¿Cuál grupo de personas fue llevado a América y vendido como esclavos?

[*What group of people was taken to America and sold as slaves?*]

R. Africanos

[*Africans*]

R. Personas de África

[*People from Africa*]


## P. ¿Quién vivía en América antes de que llegaran los europeos?

[*Who lived in America before the Europeans arrived?*]

R. Los nativos americanos

[*The Native Americans*]

R. Los indígenas americanos

[*American Indians*]


## *P. ¿De dónde vinieron la mayoría de los colonos antes de la Revolución?

[*Where did most of America's colonists come from before the Revolution?*]

R. Europa

[*Europe*]


## P. ¿Por qué estaban molestos los colonos con el gobierno Británico?

[*Why were the colonists upset with the British government?*]

R. Acta de Estampilla

[*Stamp Act*]

R. Debían pagar altos impuestos pero no tenían voz ni voto al respecto. (Impuestos sin representación.)
[*They had to pay high taxes but did not have any say about it. (Taxation without representation.)*]

R. El ejército inglés se quedó en sus casas. (alojamiento, compartimientos)
[*The British army stayed at their houses. (boarding, quartering)*]

R. Actos Intolerables
[*Intolerable Acts*]

## P. Nombre una cosa por la cual Benjamin Franklin es famoso.

[*Name one thing that Benjamin Franklin is famous for.*]

R. Diplomático estadounidense
[*U.S. Diplomat*]

R. Miembro más antiguo de la convención constitucional
[*Oldest member of the Constitutional Convention*]

R. Primer Administrador General de Correos de los Estados Unidos
[*First Postmaster General of the United States*]

R. Autor del "Poor Richard's Almanac"
[*Author of "Poor Richard's Almanac"*]

## P. ¿Quién es conocido como el padre de nuestra patria?

[*Who is called the "Father of Our Country"?*]

R. George Washington

## P. ¿Quién fue el primer presidente?

[*Who was the first President?*]

R. George Washington

## *P. Nombre uno de los autores de los Escritos Federalistas o "Federalist Papers".

[*Name one of the writers of the Federalist Papers.*]

R. James Madison

R. Alexander Hamilton

R. John Jay

R. Publio

## P. ¿Cuál grupo de ensayos apoyó el pasaje de la Constitución estadounidense?

[*What group of essays supported passage of the U.S. Constitution?*]

R. Los Escritos Federalistas o "Federalist Papers"
  [*The Federalist Papers*]

### Siglo XIX

## *P. Nombre una guerra en la que peleó Estados Unidos en los 1800.

[*Name one war fought by the United States in the 1800s.*]

R. Guerra de 1812, Guerra México-Americana, Guerra Civil, Guerra Ibero-Americana.
  [*War of 1812, Mexican-American War, Civil War, Spanish-American War.*]

**P. ¿Qué territorio compró Estados Unidos a Francia en 1803?**

[*What territory did the United States buy from France in 1803?*]

R. El territorio de Luisiana

[*Louisiana Territory*]

R. Luisiana

[*Louisiana*]

**P. ¿Qué país vendió el territorio de Luisiana a los Estados Unidos?**

[*What country sold the Louisiana Territory to the United States?*]

R. Francia

[*France*]

**P. En 1803, los Estados Unidos compró una gran cantidad de territorio de Francia. ¿Dónde estaba esa tierra?**

[*In 1803, the United States bought a large amount of land from France. Where was that land?*]

R. Al oeste del Misisipi

[*West of the Mississippi*]

R. En el Oeste de Estados Unidos

[*The Western U.S.*]

R. El territorio de Luisiana

[*The Louisiana Territory*]

## P. Nombre una de las cosas que hizo Abraham Lincoln cuando fue Presidente de los Estados Unidos.

[*Name one of the things that Abraham Lincoln did as President of the United States.*]

R. Salvó (o preservó) a la Unión
[*Saved (or preserved) the Union*]

R. Dejó libres a los esclavos
[*Freed the slaves*]

R. Dirigió a los Estados Unidos durante la Guerra Civil
[*Led the U.S. during the Civil War*]

## *P. Nombre la guerra estadounidense entre el sur y el norte.

[*Name the U.S. war between the North and the South.*]

R. La Guerra Civil
[*The Civil War*]

## P. Nombre un problema que llevó a la Guerra Civil.

[*Name one problem that led to the Civil War.*]

R. La esclavitud
[*Slavery*]

R. Motivos económicos
[*Economic reasons*]

R. Derechos de los estados
[*States' rights*]

## P. ¿Qué hizo la Proclama de Emancipación?

[*What did the Emancipation Proclamation do?*]

R. Liberó a los esclavos de la Confederación
[*Freed slaves in the Confederacy*]

R. Liberó a los estados de la Confederación
[*Freed slaves in most Confederate states*]

R. Liberó a esclavos en la mayoría de los estados del sur
[*Freed slaves in most Southern states*]

## P. ¿Con qué intentaron terminar los abolicionistas antes de la Guerra Civil?

[*What did the abolitionists try to end before the Civil War?*]

R. Esclavitud
[*Slavery*]

## P. ¿Qué hizo Susan B. Anthony?

[*What did Susan B. Anthony do?*]

R. Luchó por los derechos de la mujer
[*She fought for women's rights*]

Historia estadounidense reciente y
otra información histórica importante

## P. Nombre una guerra en la que peleó Estados Unidos en el siglo XX.

[*Name one war fought in the United States in the 1900s.*]

R. Primera guerra mundial, Segunda guerra mundial, Guerra de Corea, Guerra de Vietnam, Guerra del Golfo (o del Golfo Pérsico).

[*World War I, World War II, Korean War, Vietnam War, or Gulf (or Persian Gulf) War*]

## P. ¿Quién era Presidente durante la primera guerra mundial?

[*Who was the President during World War I?*]

R. Woodrow Wilson

## P. Estados Unidos peleó contra Japón, Alemania e Italia ¿en cuál guerra?

[*The United States fought Japan, Germany, and Italy during which war?*]

R. Segunda guerra mundial

[*World War II*]

**P. ¿Cuál era la principal preocupación de los Estados Unidos durante la Guerra fría?**

[*What was the main concern of the United States during the Cold War?*]

R. La expansión del comunismo.

[*The spread of communism.*]

R. La Unión Soviética [URSS y Rusia también son aceptables].

[*The Soviet Union (USSR and Russia are also acceptable.)*]


**P. ¿Qué evento sucedió el 11 de septiembre de 2001 en los Estados Unidos?**

[*What major event happened on September 11, 2001, in the United States?*]

R. Terroristas atacaron los Estados Unidos.

[*Terrorists attacked the United States*]


**P. ¿Qué organización internacional fue establecida después de la segunda guerra mundial para mantener la paz en el mundo?**

[*What international organization was established after World War II (WWII) to keep the world at peace?*]

R. La ONU

[*The United Nations*]

R. Las Naciones Unidas

[*The United Nations*]

**P. ¿Qué alianza se formó entre Estados Unidos y países europeos durante la Guerra fría?**

[*What alliance of North America and European countries was created during the Cold War?*]

R. OTAN (Organización del Tratado del Atlántico Norte)

[*NATO (North Atlantic Treaty Organization)*]

**\*P. ¿Quién era presidente durante la Gran Depresión y la segunda guerra mundial?**

[*Who was the President during the Great Depression and World War II?*]

R. Franklin Roosevelt

**P. ¿Qué General de la segunda guerra mundial se convirtió más tarde en Presidente?**

[*Which U.S. World War II general later became President?*]

R. Dwight Eisenhower

**P. ¿Qué hizo Martin Luther King, Jr.?**

[*What did Martin Luther King, Jr. do ?*]

R. Luchó por los derechos civiles.

[*He fought for civil rights.*]

R. Se dedicó a (trabajó por, luchó por) la igualdad para todos los estadounidenses.

[*He strove for (worked for, fought for) equality for all Americans.*]

**P. Martin Luther King Jr. tenía un sueño para Estados Unidos. ¿Cuál era su sueño?**

[*Martin Luther King, Jr. had a dream for America. What was his dream?*]

R. Igualdad para todos los estadounidenses
   [*Equality for all Americans*]

R. Derechos civiles para todos
   [*Civil rights for all*]

**P. ¿Qué movimiento intentó poner fin a la discriminación racial?**

[*What movement tried to end racial discrimination?*]

R. El movimiento por los derechos civiles
   [*The civil rights movement*]

**P. Nombre una de las principales tribus indígenas Americanas en los Estados Unidos.**

[*Name one of the major American Indian tribes in the United States.*]

R. Cherokee, Seminoles, Creek, Choctaw, Arawak, Iroquois, Shawnee, Mohegan, Chippewa, Huron, Oneida, Sioux, Cheyenne, Lakotas, Crows, Blackfeet, Teton, Navajo, Apaches, Pueblo, Hopi, Inuit (A los adjudicados se les proporcionará una lista completa.)

# CÍVICA INTEGRADA
## Geografía

**P. Nombre uno de los ríos más largos de los Estados Unidos.**

[*Name one of the two longest rivers in the United States.*]

R. El río Missouri

[*Missouri River*]

R. El río Misisipi

[*Mississippi River*]

**P. ¿Qué océano se encuentra en la costa oeste de los Estados Unidos?**

[*What ocean is on the west coast of the United States?*]

R. El océano Pacífico

[*Pacific Ocean*]

**P. ¿Qué país está en la frontera norte de los Estados Unidos?**

[*What country is on the northern border of the United States?*]

R. Canadá

[*Canada*]

## P. ¿Dónde se encuentra el Gran Cañón?

[*Where is the Grand Canyon?*]

R. Arizona

R. El Sudoeste

[*The Southwest*]

R. A lo largo del /sobre el río Colorado

[*Along/on the Colorado River*]

## P. ¿Dónde está la Estatua de la Libertad?

[*Where is the Statue of Liberty?*]

R. La bahía de Nueva York

[*New York Harbor*]

R. Liberty Island

[*Liberty Island*]

(Otras respuestas aceptables son Nueva Jersey, cerca de la ciudad de Nueva York, sobre (el río) Hudson)

[*Also acceptable are New Jersey, near New York City, and on the Hudson (River).*]

## P. ¿Qué país se encuentra sobre la frontera sur de Estados Unidos?

[*What country is on the southern border of the United States?*]

R. México

[*Mexico*]

## P. Nombre una cadena montañosa de los Estados Unidos.

[*Name one large mountain range in the United States.*]

R. Las Montañas Rocosas
   [*The Rocky Mountains*]

R. Las Montañas Apalaches
   [*The Appalachian Mountains*]

R. La Sierra Nevada
   [*The Sierra Nevada*]

R. Las Cascadas
   [*The Cascades*]

## P. ¿Cuál es la montaña más alta de los Estados Unidos?

[*What is the tallest mountain in the United States?*]

R. Monte McKinley
   [*Mt. McKinley*]

R. Denali

## P. Nombre un territorio estadounidense

[*Name one U.S. territory.*]

R. Samoa Americana
   [*American Samoa*]

R. Comunidad de las Islas Mariana del Norte
   [*The Commonwealth of Northern Mariana Islands*]

R. Guam

R. Puerto Rico

R. Islas Vírgenes de los Estados Unidos
   [*U.S. Virgin Islands*]

## P. Nombre el estado que está en medio del Océano Pacífico.

[*Name the state that is in the middle of the Pacific Ocean.*]
R. Hawai

## *P. Nombre un estado que limite con Canadá.

[*Name one state that borders on Canada.*]
R. Alaska, Idaho, Maine, Michigan, Minnesota, Montana, Nueva Hampshire, Nueva York, Dakota del Norte, Ohio, Pensilvania, Vermont o Washington
[*Alaska, Idaho, Maine, Michigan, Minnesota, Montana, New Hampshire, New York, North Dakota, Ohio, Pennsylvania, Vermont, or Washington*]

## P. Nombre un estado que limite con México.

[*Name one state that borders on Mexico.*]
R. Arizona, California, Nuevo México o Texas
[*Arizona, California, New Mexico, or Texas*]

## P. ¿Cuál es la capital de los Estados Unidos?

[*What is the capital of the United States?*]
R. Washington, D.C.

## SÍMBOLOS

### *P. ¿Por qué tenemos 13 rayas en la bandera?

[*Why are there thirteen stripes on the flag?*]

R. Porque había 13 colonias originales.

[*Because there were thirteen original colonies.*]

R. Porque las rayas representan las colonias originales.

[*Because they represent the original colonies.*]

### P. ¿Por qué tiene 50 estrellas la bandera?

[*Why are there fifty stars on the  flag?*]

R. Hay una estrella para cada estado.

[*There is one for each state.*]

R. Cada estrella representa un estado.

[*Each star represents a state.*]

R. Hay 50 estados.

[*There are fifty states.*]

### P. ¿Cuál es el nombre del himno nacional?

[*What is the name of the National Anthem?*]

R. "Star-Spangled Banner"

## FECHAS PATRIAS

**P. El cuatro de julio celebramos la independencia de qué país?**

[*On the Fourth of July we celebrate independence from what country?*]

R. Gran Bretaña

   [*Great Britain*]

**P. ¿Cuándo celebramos el Día de la Independencia?**

[*When do we celebrate Independence Day?*]

R. El 4 de julio

   [*July 4*]

## P. Nombre dos feriados nacionales estadounidenses
[*Name two national U.S. holidays.*]

R. Día del Año Nuevo
[*New Year's Day*]

R. Día de Martin Luther King
[*Martin Luther King Day*]

R. Día del Presidente
[*Presidents' Day*]

R. Día de los Caídos de Guerra
[*Memorial Day*]

R. Día de la Independencia
[*Independence Day*]

R. Día del Trabajo
[*Labor Day*]

R. Día de Colón
[*Columbus Day*]

R. Día de los Veteranos de Guerra
[*Veterans' Day*]

R. Día de Acción de Gracias
[*Thanksgiving*]

R. Navidad
[*Christmas*]

# APÉNDICE B:

## Examen piloto de naturalización: Lista de vocabulario para el examen de lectura

Esta lista de palabras lo ayudará a estudiar para la parte de lectura del examen piloto de naturalización. Cuando este tomando el examen durante su entrevista, le pedirán que lea una oración. El oficial le dará una oración y usted debe leer cada palabra en esa oración.

No sabrá qué oración el oficial le pedirá que lea; sin embargo, las oraciones tendrán algunas de las palabras que aparecen debajo. Practique leyendo estas palabras. Continúe practicando hasta que se haya aprendido todas las palabras en la lista.

**CONSEJO PRÁCTICO**
Esta información puede encontrarse en la página de Internet del Servicio de Ciudadanía e Inmigración en www.uscis.gov.

## Vocabulario de cívica

1. **America** – América
2. **bill** – proyecto de ley
3. **Bill of Rights** – Carta de derechos
4. **capital** – capital
5. **city** – ciudad
6. **Congress** – Congreso
7. **Constitution** – Constitución
8. **country** – país
9. **court** – corte
10. **flag** – bandera
11. **law** – ley
12. **laws** – leyes
13. **Mayflower** – Mayflower
14. **Pilgrims** – Peregrinos
15. **President** – Presidente
16. **right** – derecho
17. **state** – estado
18. **status** – estatus
19. **First Lady** – Primera Dama
20. **White House** – Casa Blanca
21. **Supreme Court** – Suprema Corte
22. **term** – mandato
23. **United Nations** – Naciones Unidas

## Verbos

24. **to be (is, are, was)** – ser (es, son, era)
25. **to be able to (can)** – ser capaz de (poder)
26. **to come (come, comes, came)** – venir (vengo, viene, vino)
27. **to do (do, does)** – hacer (hago, hace)
28. **to elect (elect, elects)** – elegir (elijo, elige)
29. **to have (have, has)** – tener (tengo, tiene)
30. **to help (help, helps, helped)** – ayudar (ayudo, ayuda, ayudó)
31. **to live (live, lives)** – vivir (vivo, vive)
32. **to make (make, makes)** – hacer (hago, hace)
33. **to meet (meet, meets)** – conocer (conozco, conoce)
34. **to name (name, names)** – nombrar (nombro, nombra)
35. **to start (start, starts)** – comenzar (comienzo, comienza)

36. **to veto (veto, vetoes)** –
vetar (veto, veta)
37. **to vote (vote, votes)** –
votar (voto, vota)

## Personas
38. **Abraham Lincoln** –
Abraham Lincoln
39. **George Washington** –
George Washington
40. **Martin Luther King, Jr.** –
Martin Luther King, Jr.

## Feriados
41. **Columbus Day** –
Día de Colón
42. **Fourth of July** –
Cuatro de Julio
43. **Independence Day** –
Día de la Independencia
44. **Labor Day** –
Día del Trabajo
45. **Memorial Day** –
Día de los Caídos de Guerra
46. **Presidents' Day** –
Día del Presidente
47. **Thanksgiving** –
Día de Acción de Gracias

48. **Veterans' Day** –
Día de los Veteranos de
Guerra

## Lugares
49. **United Nations' Building** –
Edificio de las Naciones
Unidas
50. **United States** –
Estados Unidos

## Otras palabras
51. **a** – un/una
52. **color** – color
53. **colors** – colores
54. **father** – padre
55. **for** – para
56. **here** – aquí
57. **highest** – más alto
58. **how many** – cuántos
59. **in** – en
60. **largest** – más grande
61. **most** – mayoría
62. **new** – nuevo
63. **of** – de
64. **one** – uno
65. **or** – o
66. **our** – nuestro

67. **people** – personas
68. **the** – el/la
69. **we** – nosotros
70. **what** – qué
71. **when** – cuándo
72. **where** – dónde
73. **which** – cual
74. **who** – quién
75. **red** – rojo
76. **September** – septiembre
77. **speech** – discurso
78. **supreme** – supremo
79. **white** – blanco
80. **wife** – esposa

# APÉNDICE C:

## Examen piloto de

## naturalización: Vocabulario,

## lista para el examen escrito

La lista de palabras que figuran a continuación le ayudará a estudiar para la parte escrita del examen piloto de naturalización. En la entrevista, cuando usted tome el examen, se le pedirá que escriba una oración. Un oficial se la leerá y usted escribirá todo lo que el oficial lea. Escuche cuidadosamente y escriba cada palabra de manera clara.

Usted no conocerá la oración que el oficial le pedirá que escriba. Sin embargo, las oraciones tendrán algunas de las palabras

**CONSEJO PRÁCTICO**
Esta información se encuentra en la página de Internet de los Servicios de Inmigración y Ciudadanía de los Estados Unidos en www.uscis.gov.

que figuran abajo. Practique escribiendo estas palabras. Solicite a alguna persona que se las lea y escríbalas. Continúe practicando hasta que haya aprendido a escribir todas las palabras de la lista.

## Vocabulario Cívico

1. **American Indians** – Indios Americanos
2. **bill** – proyecto de ley
3. **capital** – capital
4. **civil** – civil
5. **Civil War** – Guerra Civil
6. **Congress** – Congreso
7. **Constitution** – Constitución
8. **country** – país
9. **First Lady** – Primera Dama
10. **flag** – bandera
11. **freedom** – libertad
12. **law** – ley
13. **laws** – leyes
14. **Mayflower** – Mayflower
15. **Pilgrims** – Peregrinos
16. **President** – Presidente
17. **right** – derecho
18. **rights** – derechos
19. **state** –estado
20. **status** – estatus
21. **Supreme Court** – Suprema Corte
22. **term** – período
23. **United Nations** – Naciones Unidas

## Verbos

24. **to be (is, are, was)** – ser, estar ( es, está/ son, están/ fui, estuve)
25. **to be able to (can)** – poder
26. **to elect (elect, elects)** – elegir (elijo, elige)
27. **to have (have, has)** – tener (tengo, tiene)
28. **to help (help, helps, helped)** – ayudar (ayudo, ayuda, ayudé)
29. **to live (live, lives)** – vivir (vivo, vive)
30. **to make (make, makes)** – hacer (hago, hace)
31. **to meet (meet, meets)** – conocer (conozco, conoce)
32. **to start (start, starts)** – empezar (empiezo, empieza)
33. **to veto (veto, vetoes)** – vetar (veto, veta)
34. **to vote (vote, votes)** – votar (voto, vota)

## Gente

35. **Abraham Lincoln –**
    Abraham Lincoln
36. **George Washington –**
    George Washington

## Feriados

37. **Columbus Day –**
    Día de Colón
38. **Fourth of July –**
    Cuatro de Julio o 4 de
    Julio
39. **Independence Day –**
    Día de la Independencia
40. **Labor Day –**
    Día del Trabajo
41. **Memorial Day –**
    Día de los Caídos de
    Guerra
42. **Presidents' Day –**
    Día de los Presidentes
43. **Thanksgiving –**
    Día de Acción de Gracias
44. **Veterans' Day –**
    Día de los Veteranos de
    Guerra

## Lugares

45. **Alaska –** Alaska
46. **California –** California
47. **New York –** Nueva York
48. **New York City –**
    Ciudad de Nueva York
49. **United Status –**
    Estados Unidos
50. **Washington, D.C. –**
    Washington, Distrito de
    Columbia

## Otras palabras

51. **a –** un/una
52. **and –** y
53. **blue –** azul
54. **building –** edificio
55. **court –** corte
56. **during –** durante
57. **father –** padre
58. **February –** febrero
59. **fifty –** cincuenta
60. **first –** primero
61. **for –** para
62. **he –** él
63. **highest –** más alto
64. **house –** casa
65. **in –** en
66. **January –** enero

67. **July** – julio
68. **land** – tierra
69. **largest** – más grande
70. **leader** – líder
71. **May** – mayo
72. **most** – mayoría
73. **new** – nuevo
74. **November** – noviembre
75. **October** – octubre
76. **of** – de
77. **on** – sobre
78. **one** – uno
79. **our** – nuestro
80. **people** – personas
81. **press** – prensa
82. **red** – rojo
83. **September** – septiembre
84. **speech** – discurso
85. **supreme** – suprema
86. **the** – el/la
87. **we** – nosotros/nosotras
88. **white** – blanco
89. **wife** – esposa

# APÉNDICE D:

## APRENDA ACERCA DE LOS ESTADOS UNIDOS: LECCIONES CÍVICAS RÁPIDAS

La información proporcionada en este apéndice se encuentra también en www.uscis.gov.

Para convertirse en un ciudadano estadounidense, necesitará aprender acerca de la historia de los Estados Unidos y sobre el funcionamiento de su gobierno. Conocer su nuevo país es una parte importante del proceso de ser un buen ciudadano.

Las Lecciones rápidas de cívica lo ayudarán a conocer más acerca de la historia de los Estados Unidos en el proceso de prepararse para obtener la ciudadanía. Este librillo lo provee de lecciones cortas basadas en todas las muestras de preguntas cívicas que usted deberá estudiar para su examen de naturalización. A medida que estudia las preguntas y respuestas, podrá aprender más acerca del tema al leer los párrafos. Para ayudarlo a conocer las palabras con las que no esté familiarizado, dispondrá de un glosario al final.

Los Estados Unidos poseen una historia interesante y un sistema de gobierno único. Aprender más acerca de este país mientras se prepara para naturalizarse lo ayudará a hacer más significativo su proceso hacia la obtención de la ciudadanía estadounidense. En la entrevista de naturalización no será examinado sobre información adicional en las lecciones cortas.

Las tarjetas de estudio de cívica de USCIS constituyen una herramienta útil para los que se preparan para el examen de naturalización. Estas tarjetas coloridas y fáciles de usar proporcionan todas las preguntas que pueden ser formuladas en el curso del examen. Las Tarjetas de Estudio de Cívica están disponibles de manera gratuita en Internet en www.uscis.gov/graphics/citizenship. Las copias en papel pueden ser compradas por pedido al Government Printing Office (GPO) llamando al 866-512-1800 o ingresando a Internet en la página http://bookstore.gpo.gov buscando por "flashcards".

## P. ¿Por qué los Peregrinos vinieron a América?

[*Why did the Pilgrims come to America?*]

R. Para obtener libertad religiosa

[*To gain religious freedom.*]

A comienzos de los 1600, los Peregrinos abandonaron Inglaterra. En una primera instancia fueron a Holanda donde permanecieron algunos años antes de venir a América. Muchos colonos ingleses navegaron a través del Océano Atlántico a las colonias americanas durante el siglo diecisiete. Muchos vinieron en pos de libertades políticas o al igual que los Peregrinos, para ejercer el derecho de practicar su religión. Otros vinieron en busca de oportunidades económicas las cuales no existían en sus países de origen. Para ellos las colonias americanas significaban una nueva oportunidad de vida y la libertad de vivir como deseaban.

## P. ¿Cuál es el nombre del barco que trajo a los Peregrinos a América?

[*What is the name of the ship that brought the Pilgrims to America?*]

R. El Mayflower

[*The Mayflower*]

El Mayflower partió de Plymouth, Inglaterra, el 6 de septiembre de 1620. Luego de sesenta y cinco días en el océano el barco arribó a lo que hoy es el estado de Massachussets. Poco tiempo después los Peregrinos firmaron un acuerdo denominado Pacto de Mayflower mediante el cual formaron un Cuerpo Político Civil. El Pacto no estableció un sistema de gobierno como lo haría la Constitución más adelante. Contenía sin embargo, la idea de que las personas acordaban vivir libremente bajo el gobierno. El poder de este gobierno venía directamente de las propias personas.

## P. ¿Quién ayudó a los Peregrinos en América?

[*Who helped the Pilgrims in America?*]

R. Los indígenas americanos/Los nativos americanos

[*The American Indians/Native Americans*]

Cuando arribaron los Peregrinos en América vivían tribus como las Navajo, Sioux, Cherokee y Seminoles. A su llegada se establecieron en un área donde vivía la tribu Wampanoag. Éstos enseñaron a los peregrinos habilidades importantes como cultivar maíz, granos y calabazas. A medida que aumentaba el número de europeos que se trasladaban a América, las relaciones con los indígenas no siempre fueron pacíficas. Eventualmente, luego de mucho derramamiento de sangre, los colonos derrotaron a las tribus indígenas y ocuparon muchas de sus tierras.

## P. ¿Cuál fue el primer feriado que se celebró por parte de los colonos americanos?

[*What holiday was celebrated for the first time by the American colonists?*]

R. El Día de Acción de Gracias

[*Thanskgiving*]

La primera celebración del Día de Acción de Gracias tuvo lugar en Massachussets en 1621. Los peregrinos agradecían una cosecha de otoño exitosa. Aprendieron de los americanos nativos qué cultivos implantar y la mejor manera de hacerlo. Las lecciones de los indígenas los ayudaron a sembrar suficientes alimentos como para sobrevivir al invierno. En 1941, el Presidente Franklin D. Roosevelt firmó un proyecto de ley que establecía oficialmente que el último jueves de noviembre se convertía en el Día de Acción de Gracias.

## P. ¿Qué celebramos el 4 de julio?

[*What is celebrated on the 4ᵗʰ of July?*]

R. El Día de la Independencia

[*Independence Day*]

El 2 de julio de 1776, el Congreso votó que los Estados Unidos se independizaban de Gran Bretaña. Sin embargo, celebramos el Día de la Independencia el 4 de julio porque le llevó dos días al Congreso votar para aceptar la Declaratoria oficial de la Independencia. Esta declaratoria fue escrita por Thomas Jefferson y editada por el Congreso.

En la actualidad se considera el 4 de julio el cumpleaños de América. Se celebra con desfiles, fuegos artificiales, cánticos patrióticos y lecturas en vivo de la Declaratoria de la Independencia.

## P. ¿De quién celebra la independencia el Día de la Independencia?

[*Independence Day celebrates independence from whom?*]

R. De Gran Bretaña

[*Great Britain*]

La decisión de romper con los británicos no resultaba una elección fácil para muchos colonos. Sin embargo, los reiterados perjuicios de Gran Bretaña contra los americanos como deja constancia la Declaratoria de la Independencia, convencieron a muchos para adherirse a la rebelión. Luego de años de luchas difíciles, los colonos ganaron su libertad.

## P. ¿Contra qué país luchamos en la Guerra Revolucionaria?

[*What country did we fight during the Revolutionary War?*]

R. Contra Gran Bretaña

[*Great Britain*]

El enojo de los colonos americanos se había desarrollado durante años antes de que comenzara la Guerra Revolucionaria. Los americanos lucharon porque deseaban la independencia de los británicos. La guerra finalizó en 1781 luego de la Batalla de Yorktown. Los americanos ganaron esta batalla con la ayuda de Francia. Sin embargo, no fue hasta 1783 que los británicos aceptaron la independencia de los Estados Unidos.

## P. ¿Quién dijo "Concédanme la libertad o concédanme la muerte"?

[*Who said "Give me liberty or give me death"?*]

R. Patrick Henry

Patrick Henry fue un líder apasionado de la Revolución Americana. Antes de la independencia  habló claramente a favor de los derechos coloniales como miembro de la legislatura de Virginia. Henry representó  a Virginia en el Primer y Segundo Congreso Continental. Ayudó a impulsar  las colonias hacia su independencia. En 1775, cuando comenzó la Guerra Revolucionaria, Henry convenció a Virginia que se adhiriera  a los colonos. Más tarde se convirtió en el primer gobernador de Virginia.

## P. ¿Quién fue el autor principal de la Declaratoria de la Independencia?

[*Who was the main writer of the Declaration of Independence?*]

R. Thomas Jefferson

Jefferson era abogado y colono de Virginia cuando escribió la Declaratoria en 1776. Se convertiría en un pensador y líder muy importante. Antes de ser Presidente fue Gobernador de Virginia y primer Secretario de Estado de los Estados Unidos. Respaldaba con fuerza los derechos individuales especialmente los de libertad y religión. En razón de querer proteger estos derechos, Jefferson se oponía a un gobierno de fuerza nacional. Por el contrario, argumentaba a favor de los derechos de los estados. Quería que América fuera una nación de pequeños granjeros que participasen activamente en su democracia.

## P. ¿Cuándo fue adoptada la Declaratoria de la Independencia?

[*When was the Declaration of Independence adopted?*]

R. El 4 de julio de 1776

[*July 4, 1776*]

En 1774 representantes de doce colonias se encontraron en Filadelfia para el Primer Congreso Continental. Protestaron contra las leyes británicas que los trataban de manera injusta. Asimismo comenzaron a organizar un ejército. Luego de que empezara la lucha entre los colonos y el ejército británico, se llevó a cabo el Segundo Congreso Continental. Este grupo designó a Jefferson y a otros para crear la Declaratoria de la Independencia. En este documento se señalaba que si un gobierno no protege los derechos del pueblo éste está posibilitado de  crear un nuevo gobierno. A partir de esta idea los colonos rompieron con sus gobernantes británicos y formaron una nueva nación.

## P. ¿Cuáles son algunas de las creencias básicas de la Declaratoria de la Independencia?

[*What are some of the basic beliefs of the Declaration of Independence?*]

R. Que todos los hombres son creados iguales y tienen el derecho a la vida, la libertad y la búsqueda de la felicidad.

[*That all men are created equal and have the right to life, liberty, and the pursuit of happiness.*]

La Declaratoria de la Independencia está basada en ideas acerca de la libertad y los derechos individuales. Jefferson y los fundadores creían que las personas nacen con derechos naturales y que ningún gobierno puede quitárselos. El Gobierno sólo existe para proteger estos derechos. En la medida que las personas voluntariamente entregan el poder a un gobierno, pueden retirárselo. El gobierno británico no estaba protegiendo los derechos de los colonos y consecuentemente le retiraron el poder y se separaron de Gran Bretaña.

## P. ¿Cuál es el himno nacional de los Estados Unidos?

[*What is the national anthem of the United States?*]

R. Star-Spangled Banner

Durante la Guerra de 1812, los soldados británicos invadieron Estados Unidos. En la noche del 13 de septiembre de

1814, las naves de guerra británicas bombardearon el Fuerte McHenry. Este fuerte protegía la ciudad de Baltimore. Un Americano llamado Francis Scott Key estaba observando el feroz bombardeo y pensó que el fuerte iba a ser derribado. Al amanecer del día siguiente Key dirigió su mirada hacia él. Vio que la bandera americana estaba aun flameando demostrando así que los Estados Unidos no habían sido derrotados. Key inmediatamente escribió la letra para "The Star-Spangled Banner".

## P. ¿Quién escribió Star-Spangled Banner?

[*Who wrote the Star-Spangled Banner?*]

R. Francis Scott Key

Al principio Key escribió la letra para "The Star-Spangled Banner" como un poema. Lo llamó "La defensa del Fuerte M'Henry". Muchos años más tarde se agregó música a la letra del poema. La música venía de una pieza llamada "Anacreon in Heaven". La combinación del poema con la música creó la canción que hoy es tan bien conocida. No fue hasta 1931 que el Congreso elaboró una ley llamada "The Star-Spangled Banner", el himno nacional oficial.

## P. ¿Cuáles son los colores de nuestra bandera?

[*What are the colors of our flag?*]

R. Rojo, blanco y azul

[*Red, white, and blue*]

Llamamos a la bandera Americana "Stars and Stripes". El Congreso eligió este diseño para nuestra bandera el 14 de junio de 1777. Los estadounidenses celebran el 14 de junio como el Día de la Bandera. Mucho más tarde, el Congreso dio una explicación para los colores: el rojo representa la fuerza y el valor, el blanco, la pureza y la inocencia y el azul la vigilancia, la perseverancia y la justicia.

## P. ¿Cuántas estrellas hay en nuestra bandera?

[*How many stars are there on our flag?*]

R. Hay cincuenta estrellas en nuestra bandera.

[*There are 50 stars on our flag.*]

Cada estrella representa un estado. Esta es la razón por la cual el número de estrellas ha cambiado a lo largo de los  años desde trece a cincuenta. El número de estrellas llegó a cincuenta en 1959. En ese año Hawai  se unió a  los Estados Unidos como el estado número cincuenta.

## P. ¿Qué significan las estrellas en la bandera?

[*What do the stars on the flag mean?*]

R. Cada estrella representa un estado.

[*Each star represents one state.*]

Las estrellas blancas en la bandera representan los Estados Unidos como una nueva constelación en el cielo. La nación era vista como una nueva constelación porque el sistema republicano de gobierno era nuevo y diferente en los años de 1770. Muy pocos países eran repúblicas en ese tiempo. En los sistemas republicanos de gobierno, los líderes trabajan para ayudar a todo su pueblo. No actúan solo para ayudar a algunos ciudadanos especiales. Desde el momento en que son las personas las que eligen a estos líderes, son estas mismas personas las que tienen el poder del gobierno.

## P. ¿De qué color son las estrellas en nuestra bandera?

[*What color are the stars on our flag?*]

R. Las estrellas en nuestra bandera son blancas.

[*The stars on our flag are white.*]

Las estrellas representan el punto de vista de los fundadores en relación al experimento americano sobre la democracia. Para ellos el objetivo de una república basada en la libertad individual era una idea elevada y noble. Las estrellas son consideradas como un símbolo de los cielos y como el objetivo importante y ambicioso que nuestros fundadores estaban tratando de alcanzar.

## P. ¿Cuántas rayas hay en nuestra bandera?

[*How many stripes are there on our flag?*]

R. Hay trece rayas en nuestra bandera.

[*There are thirteen stripes on our flag.*]

Durante dieciocho años luego de convertirse en un país independiente, los Estados Unidos tenían solamente trece estados. En 1794, Kentucky y Vermont se unieron a los Estados Unidos y el número de estados fue de quince. En ese tiempo el Congreso aumentó el número de estrellas y rayas en la bandera de trece a quince. El número de rayas no volvió a cambiar a trece durante muchos años.

## P. ¿Qué representan las rayas en la bandera?

[*What do the stripes on the flag represent?*]

R. Los trece primeros estados.

[*The first thirteen states.*]

En 1818 el Congreso decidió que el número de rayas en la bandera debería ser siempre trece. Esto honraría a los estados originales sin importar cuántos estados se pudieran unir a los Estados Unidos en el futuro. Estos trece estados originales habían sido colonias de Gran Bretaña antes de la independencia de los Estados Unidos.

## P. ¿De qué colores son las rayas en la bandera?

[*What color are the stripes on the flag?*]

R. Las rayas en la bandera son rojas y blancas.

[*The stripes on the flag are red and white.*]

Las banderas estadounidenses de la pre-independencia también tenían rayas. La bandera "Boston Liberty", por ejemplo, flameó al principio de la revolución Americana. Esta bandera fue izada por un grupo famoso de patriotas llamado Hijos de la Libertad. Este y otros grupos sentían que las leyes británicas trataban a los colonos americanos de manera injusta. Estaban enojados por ser gravados con impuestos por los británicos aun cuando no gozaban de representación en el gobierno.

## P. ¿Cómo se llamaban los trece estados originales de los Estados Unidos antes de convertirse en estados?

[*What were the thirteen original states of the United States called before they were states?*]

R. Colonias

[*Colonies*]

Los países europeos comenzaron a tomar control de zonas de América en los 1500. Estas zonas controladas por los europeos se llamaban colonias. La primera colonia americana exitosa fue Virginia. Virginia comenzó en 1607 como un pequeño asentamiento en Jamestown. Más tarde, se fundó Pensilvania como cuna de un grupo religioso, los Cuáqueros. Este grupo se oponía a la guerra y rechazaba los rituales y juramentos. La colonia holandesa de Nueva Holanda fue capturada por las fuerzas británicas en 1664 y se la volvió a nombrar como Nueva York. Las trece colonias americanas se unirían más adelante en un solo país pero la historia de cada una es muy diferente.

## P. ¿Cuáles eran los trece estados originales?

[*What were the original thirteen states?*]

R. Virginia, Massachusetts, Maryland, Rhode Island, Connecticut, Nueva Hampshire, Carolina del Norte, Carolina del Sur, Nueva York, Nueva Jersey, Pensilvania, Delaware y Georgia.

[*Virginia, Massachusetts, Maryland, Rhode Island, Connecticut, New Hampshire, North Carolina, South Carolina, New York, New Jersey, Pennsylvania, Delaware, and Georgia.*]

Estos trece estados eran colonias antes que los Estados Unidos se convirtieran en un país independiente. El rey británico gobernaba las trece colonias pero Gran Bretaña estaba muy lejos y se enfocaba en asuntos domésticos y en guerras en Europa en lugar de concentrarse en las colonias. Esto quiere decir que aun antes de su independencia las colonias, en gran parte, se gobernaban a sí mismas. Esto se llevaba a cabo en cierta medida a través de legislaturas coloniales. Estas legislaturas eran elegidas por los colonos. Sin embargo, hasta la llegada de la Revolución americana, la mayoría de los colonos consideraban al rey británico su verdadero gobernante.

## P. ¿Qué es la Constitución?
[*What is the Constitution?*]
R. La ley suprema de los Estados Unidos.

[*The supreme law of the United States.*]

La Constitución de los Estados Unidos tiene una duración mayor que cualquier otra constitución de otros países. Es el marco básico legal del gobierno de los Estados Unidos. Toda persona, agencia y dependencia del gobierno debe observar la Constitución. Esta es la razón por la cual se la denomina "la ley suprema de la tierra" Bajo este sistema, los poderes del gobierno nacional se limitan a esos que se detallan en la Constitución. El principio que sustenta este sistema a menudo se llama estado de derecho.

## P. ¿Cuál es la ley suprema de los Estados Unidos?

[*What is the supreme law of the United States?*]

R. La Constitución

[*The Constitution*]

El gobierno instaurado por la Constitución está basado en el consentimiento o acuerdo de los gobernados. La introducción de la Constitución refleja esta idea. Esta introducción se llama Preámbulo. Declara que "nosotros, el pueblo" establecemos la Constitución. El sistema actual del gobierno de los Estados Unidos es una democracia representativa. La Constitución también refleja la idea de consentimiento de los gobernados. Los "gobernados", todos los ciudadanos estadounidenses, eligen representantes para hacer las leyes de la nación y a un presidente para conducir el área ejecutiva.

## P. ¿En qué año se escribió la Constitución?

[*In what year was the Constitution written?*]

R. 1787

Antes de la Constitución de los Estados Unidos, el documento que establecía el sistema de gobierno del país lo constituían los Artículos de Confederación. Estos fueron ratificados en 1783. Ya en 1786 muchos líderes americanos estaban descontentos con este documento porque establecía un gobierno nacional demasiado débil. En 1787 el Congreso decidió que una convención se reuniría en Filadelfia para revisar los artículos. En este encuentro los líderes decidieron rápidamente ir más allá de una revisión. En su lugar escribieron un documento enteramente nuevo, la Constitución.

## P. ¿Cómo se llama la introducción de la Constitución?

[*What is the introduction to the Constitution called?*]

R. El Preámbulo

[*The Preamble*]

El preámbulo dice: "Nosotros, el pueblo de los Estados Unidos, ordenamos y establecemos esta Constitución para los Estados Unidos de América de manera de formar una unión más perfecta, establecer justicia, asegurar tranquilidad doméstica, proveer por la defensa común, promover el bienestar general y asegurar las bendiciones de libertad para nosotros y nuestra posteridad." Esto significa que nuestro gobierno fue establecido por su gente de manera que sea sensible frente a ellos quienes ejercen el más alto poder. Esta idea se conoce como soberanía popular.

## P. ¿Qué tipo de gobierno tiene Estados Unidos?

[*What kind of government does the United States have?*]

R. Una República

[*A Republic*]

En una república el poder que el gobierno ejerce emana del pueblo mismo. El gobierno es responsable de proteger los derechos de todas las personas, no solamente de unos pocos privilegiados. La forma en que esto se lleva a cabo en los Estados Unidos es a través de un sistema de democracia representativa. Las personas eligen libremente quién va a gobernarlos y a representar sus intereses. El Presidente Abraham Lincoln dijo que nuestro gobierno republicano es "de las personas, por las personas y para las personas".

## P. ¿Cuáles son actualmente los dos partidos más importantes en los Estados Unidos?

[*What are the two major political parties in the United States today?*]

R. El partido Demócrata y el Republicano

[*The Democratic and Republican parties*]

La Constitución no estableció partidos políticos y George Washington advirtió específicamente en su contra. Sin embargo, desde comienzos de la historia estadounidense hubo una escisión entre dos partidos políticos, el Demócrata-Republicano y los Federalistas. El actual Partido Demócrata fue creado por el presidente Andrew Jackson a partir de los primeros Demócratas-Republicanos. El Partido Republicano tomó el poder como partido importante, de los Whigs en los 1860. Abraham Lincoln quien fue elegido por primera vez en 1860, fue el primer Presidente Republicano. A lo largo de la historia estadounidense, otros partidos como el Know-Nothing, Bull Moose (llamado también Progresista), los partidos políticos denominados el Reform y el Green Party han desempeñado varios roles en la política americana.

## P. ¿Cuántas ramas hay en el Gobierno de los Estados Unidos?

[*How many branches are there in the United States government?*]

R. Tres

[*Three*]

Los autores de la Constitución creían que ningún grupo del gobierno debería tener un poder total. Pensaban que cualquier persona o grupo que lo tuviese abusaría del mismo. Al crear el sistema estadounidense perseguían la idea de la separación de poderes. Junto con los controles y balances entre las diferentes partes del gobierno, la separación de poderes en tres ramas impide la concentración de poder. Esto significa que los derechos de los ciudadanos están mejor protegidos. Los poderes para elaborar leyes, ejecutarlas e interpretarlas son otorgados a las diferentes ramas.

## P. ¿Cuáles son las tres ramas de nuestro gobierno?

[*What are the three branches of our government?*]

R. El Ejecutivo, el Judicial y el Legislativo

[*Executive, Judicial, and Legislative*]

La Constitución divide el poder del gobierno en tres ramas las cuales funcionan bajo un sistema de controles y balances. Esto significa que cada rama puede potencialmente bloquear la acción de otra rama. Ninguna de ellas puede volverse demasiado poderosa y dañar las libertades de los ciudadanos. Por ejemplo, el Senado puede bloquear un tratado firmado por el Presidente o asimismo, la Suprema Corte puede rechazar una ley promulgada por el Congreso. En el primer ejemplo la rama legislativa está "controlando" a la rama ejecutiva y en el segundo, la rama judicial está "controlando" la rama legislativa.

## P. ¿Cuál es la rama ejecutiva de nuestro gobierno?

[*What is the executive branch of our government?*]

R. El Presidente, el Gabinete y los departamentos que dependen de los miembros del Gabinete.

[*The President, the Cabinet, and departments under the cabinet members.*]

La labor de la rama ejecutiva es implementar o ejecutar las leyes de la nación. La Constitución debate sobre el Gabinete pero no dice qué debe hacer cada departamento federal o agencia. A lo largo de la historia de los Estados Unidos, el Congreso ha establecido las funciones específicas de estas organizaciones. El Departamento de Estado, el Departamento de Seguridad de la Nación y la Agencia de Protección del Medio Ambiente son tres ejemplos de departamentos federales.

## P. ¿Quién es la cabeza de la rama ejecutiva del Gobierno de los Estados Unidos?

[*Who is the head of the executive branch of the U.S. Government?*]

R. El Presidente

[*The President*]

El Presidente es a la vez la cabeza del estado y del gobierno. Los poderes presidenciales incluyen la capacidad para firmar tratados con otros países y para elegir embajadores que representen a los Estados Unidos en el exterior. Como cabeza de la rama ejecutiva, el presidente nombra a los líderes de los departamentos federales. Sin embargo, el Senado tiene el poder de rechazar las decisiones del presidente. Este límite al Presidente es otro ejemplo de controles y balances.

## P. ¿Cuáles son algunos de los requisitos para ser elegible como Presidente?

[*What are some of the requirements to be eligible to become President?*]

A: Un candidato a Presidente debe: ser ciudadano nativo, tener al menos treinta y cinco años y haber vivido en los Estados Unidos en los últimos catorce años.

[*A candidate for President must: be a native-born citizen, be at least thirty-five years old, and have lived in the U.S. for at least fourteen years.*]

Los autores de la Constitución querían que el Presidente fuera un líder experimentado con una fuerte conexión con los Estados Unidos. Los requisitos de elegibilidad apuntan a que esto se cumpla. En el Federalist Paper número 64 John Jay escribió que un Presidente debería ser un hombre "de quien las personas han tenido tiempo de formular un juicio". Esto, explica Jay, es una razón fundamental para los requisitos de elegibilidad. La persona más joven que se convirtió en Presidente en la historia de los Estados Unidos fue Theodore Roosevelt. Llegó a la Casa Blanca cuando tenía cuarenta y dos años de edad.

## P. ¿Quién elige al Presidente de los Estados Unidos?

[*Who elects the President of the United States?*]

R. El Colegio Electoral

[*The Electoral College*]

El Colegio Electoral es un procedimiento que fue diseñado por los autores de la Constitución para elegir presidentes. Devenía de un compromiso entre el Presidente electo directamente por el pueblo y el Presidente elegido por el Congreso. Combinando estas ideas, el pueblo de Estados Unidos vota por un "colegio" de electores que luego se reúne para elegir al Presidente. Hoy en día las personas de cada uno de los cincuenta estados y el Distrito de Columbia votan por los electores en noviembre. Luego, en diciembre, los electores votan en forma oficial por el Presidente.

## P. ¿Cuál es la edad mínima para votar en los Estados Unidos?

[*What is the minimum voting age in the United States?*]

R. Dieciocho

[*Eighteen*]

En la mayor parte de la historia de los Estados Unidos los estadounidenses debían tener al menos veintiún años para votar. Hacia los 1970 mucha gente pensó que si se era lo suficientemente mayor como para luchar en una guerra, él o ella debería ser lo suficientemente mayor como para votar. Así, en 1971 la enmienda número 26 cambió la edad mínima para votar a dieciocho.

## P. ¿En qué mes votamos por el Presidente?

[*In what month do we vote for the President?*]

R. Noviembre

[*November*]

La Constitución no fijó un día nacional de elecciones. No hubo una fecha específica hasta 1845. El Congreso fijó el martes después del primer lunes de noviembre como Día de Elecciones.

Eligieron un martes de manera que los votantes tuviesen un día entero luego del domingo para viajar a los centros electorales. En ese tiempo, debido a razones religiosas muchos estadounidenses consideraban el domingo como un día de descanso estricto. Viajar en dicho día no estaba permitido.

## P. ¿En qué mes es investido en su cargo el nuevo Presidente?

[*In what month is the new President inaugurated?*]

R. Enero

[*January*]

Antes de 1933 los presidentes eran investidos en sus cargos el 4 de marzo. Esto significaba que había cuatro meses entre la elección del Presidente y su asunción al cargo. Esto proporcionaba al nuevo Presidente suficiente tiempo para llevar a cabo el largo viaje a Washington, DC. Hacia los 1930 con la invención de los automóviles y trenes veloces, viajar se convirtió en algo mucho más rápido. La enmienda número veinte cambió oficialmente la fecha de la asunción al mando para el 20 de enero. Franklin Roosevelt fue el primer presidente que fue investido en esta fecha.

## P. ¿Por cuánto tiempo se elige al Presidente?

[*For how long is the President elected?*]

R. Cuatro años

[*Four years*]

Los primeros líderes americanos sentían que la cabeza del gobierno británico, el rey, tenía demasiado poder. A raíz de ello limitaron los poderes de la cabeza del nuevo gobierno de los Estados Unidos. Decidieron que el Presidente debería ser electo por el pueblo cada cuatro años.

## P. ¿Cuántos mandatos de gobierno completos puede ejercer un Presidente?

[*How many full terms can a President serve?*]

R. Dos mandatos completos

[*Two full terms*]

El primer Presidente de los Estados Unidos, George Washington solo fue Presiente dos veces. Washington sentía que una persona no debería ser Presidente durante un período largo. Siguiendo esta tradición ningún Presidente en el futuro ejerció durante más de dos mandatos con excepción de Franklin D. Roosevelt. Roosevelt fue elegido cuatro veces. No mucho tiempo después de su muerte la Constitución fue rectificada de manera que un Presidente pudiese ser elegido solamente dos veces.

## P. ¿Quién se convierte en Presidente si el Presidente muere en ejercicio?

[*Who becomes President if the President dies while in office?*]

R. El Vicepresidente

[*The Vice President*]

El Vicepresidente es el primero en línea de sucesión para asumir el cargo como Presidente. Esto ha ocurrido ocho veces en la historia de los Estados Unidos. William Henry Harrison murió en ejercicio en 1841. Zachary Taylor murió en ejercicio en 1850. Abraham Lincoln fue asesinado en ejercicio en 1865. James Garfield fue asesinado en ejercicio en 1881. William McKinley fue asesinado en ejercicio en 1901. Warren Harding murió en ejercicio en 1923. Franklin Roosevelt murió en ejercicio en 1945. John F. Kennedy fue asesinado en ejercicio en 1963.

## P. ¿Quién se convierte en Presidente si mueren los dos, el Presidente y el Vicepresidente?
[*Who becomes President if both the President and Vice President die?*]

R. El Portavoz de la Cámara de Representantes
[*The Speaker of the House*]

La respuesta a esta pregunta ha cambiado a lo largo de la historia. Al principio, siguiendo una ley de 1791, el Presidente del Senado Pro Tempore era segundo en línea de sucesión para convertirse en Presidente luego del Vicepresidente. Más tarde, el Congreso aprobó una ley mediante la cual el Secretario de Estado se convertía en sucesor en caso de muerte del Presidente y Vicepresidente.

## P. ¿Qué grupo especial asesora al Presidente?
[*What special group advises the president?*]

R. El Gabinete asesora al Presidente.
[*The Cabinet advises the President.*]

La Constitución establece que los líderes de los departamentos ejecutivos deben asesorar al Presidente. Estos líderes a los que en su mayoría se los conoce como Secretarios, constituyen el

Gabinete. A través de la historia, los Presidentes han podido cambiar a los integrantes del Gabinete. Por ejemplo, cuando el Congreso creó el Departamento de Seguridad de la Nación, el Presidente George W. Bush agregó al líder de este departamento a su Gabinete.

## P. ¿Cuál es el nombre de la casa oficial del Presidente?

[*What is the name of the President's official home?*]

R. La Casa Blanca

[*The White House*]

La Casa Blanca fue construida entre 1792 y 1800. George Washington ayudó a elegir su ubicación exacta y supervisó su construcción pero en realidad nunca vivió allí. El segundo Presidente de América, John Adams, fue el primero en vivir en la Casa Blanca. Catorce años luego de su edificación la Casa Blanca fue incendiada por las tropas británicas durante la Guerra de 1812. Otro incendio destructivo tuvo lugar en 1929 en la presidencia de Herbert Hoover.

## P. ¿Dónde está ubicada la Casa Blanca?

[*Where is the White House located?*]

R. Washington, DC

Cuando la Constitución dejó establecida nuestra nación en 1789, el Distrito de Columbia no existía. En ese momento la capital era la ciudad de Nueva York. Al poco tiempo el Congreso comenzó a debatir sobre la ubicación permanente de la ciudad capital. Dentro del Congreso, representantes de los estados del norte lucharon amargamente contra los representantes de los estados del sur. Cada sector deseaba que la capital estuviese dentro de su región. Finalmente, con el Compromiso de 1790 el norte acordó que la capital estuviese ubicada en el sur. A cambio de esto el norte fue liberado de pagar parte de la deuda que debían por la Guerra Revolucionaria.

## P. ¿Quién fue el primer Presidente de los Estados Unidos?

[*Who was the first President of the United States?*]

R. George Washington

Honramos a George Washington como el primer Presidente de los Estados Unidos. Luego de liderar la campaña militar para obtener la independencia Americana, Washington jugó un papel importante en la formación de la nación. Fue elegido líder de la convención que se constituyó para la creación de la Constitución. Más tarde, los servicios prestados por Washington como primer Presidente de los Estados Unidos, marcó una tradición para futuros presidentes. Washington rechazó ejercer el poder durante más de dos períodos. Se instauró así la tradición de que un Presidente no ejerciera más de dos períodos. Actualmente este límite está requerido por una Enmienda Constitucional.

## P. ¿A cuál Presidente se lo denomina el Padre de nuestro País?

[*Which President is called the "Father of our Country"?*]

R. George Washington

Washington era un general valiente, un líder respetado por la Revolución Americana y nuestro primer Presidente. Su liderazgo fue muy importante durante la transición de América entre la guerra y la revolución a la estabilidad bajo el nuevo gobierno. Luego de su victoria ante el ejército británico, Washington se retiró. Contra su voluntad abandonó su retiro cuando surgieron problemas con el nuevo sistema de gobierno del país. Washington ayudó a liderar el esfuerzo para crear una Constitución para los Estados Unidos.

## P. ¿Qué Presidente fue el primer Comandante en Jefe del Ejército y la Armada de los Estados Unidos?

[*Which President was the first Commander-in-Chief of the U.S. Army and Navy?*]

R. George Washington

Los autores de la constitución debatieron sobre cuánto poder debería tener el nuevo Presidente. Decidieron que los poderes del Presidente debían ser limitados de muchas formas, no obstante ello, el Presidente debía ser el Comandante en Jefe de los militares. Durante la Guerra Revolucionaria, George Washington había sido comandante supremo de los militares. Desde esta posición condujo las fuerzas estadounidenses a la victoria. Esto contribuyó a convertirlo en una opción unánime en el primer Presidente y Comandante en Jefe.

## P. ¿Quién fue Presidente durante la Guerra Civil?

[*Who was President during the Civil War?*]

R. Abraham Lincoln

Honramos a Abraham Lincoln porque lideró la nación durante la Guerra Civil. La Guerra comenzó cuando un grupo de estados sureños conocidos como la Confederación, trataron de separarse de los Estados Unidos. Ellos querían preservar la esclavitud y su sistema económico basado en la granja. Este sistema estaba amenazado por los estados del norte. Lincoln era abogado, legislador y un orador célebre antes de convertirse en Presidente. Fue famoso nacionalmente por sus debates con el Senador Stephen R. Douglas los cuales tuvieron lugar cuando Lincoln y Douglas compitieron por los escaños del Senado de Illinois en 1858. Lincoln fue asesinado por John Wilkes Booth en 1865.

## P. ¿Qué logró la Proclama de Emancipación?

[*What did the Emancipation Proclamation do?*]

R. La Proclama de Emancipación liberó a los esclavos.

[*The Emancipation Proclamation freed the slaves.*]

El Presidente Lincoln promulgó la Proclama de Emancipación en medio de la Guerra Civil en 1863. Liberó a los esclavos en los estados confederados rebeldes. En 1865 los soldados del norte conocidos como los soldados de la Unión derrotaron a los del Sur conocidos como los soldados Confederados. La Guerra Civil sangrienta y amarga había terminado y la Unión se había preservado. Poco tiempo después la Enmienda número trece hizo que la abolición de la esclavitud fuera parte de la Constitución.

## P. ¿Quién es el Presidente de los Estados Unidos en la actualidad?

[*Who is the President of the United States today?*]

R. George W. Bush

George W. Bush es el cuadragésimo tercer Presidente de los Estados Unidos. Fue Gobernador de Texas antes de ganar las elecciones presidenciales de 2000. Bush ganó la reelección para un segundo mandato cuatro años más tarde. Su esposa, la "primera dama," es Laura Bush.

## P. ¿Quién es el Vicepresidente de los Estados Unidos?

[*Who is the Vice President of the United States?*]

R. Dick Cheney

Richard B. (Dick) Cheney es el cuadragésimo sexto Vicepresidente de los Estados Unidos. El Vicepresidente Cheney creció en Wyoming. Más tarde representó al pueblo de Wyoming en el Congreso de los Estados Unidos. Como Vicepresidente, Cheney es Presidente del Senado y el asesor más importante del Presidente.

## P. ¿Cuál es la rama legislativa de nuestro Gobierno?

[*What is the legislative branch of our government?*]

R. El Congreso

[*Congress*]

La tarea fundamental del Congreso es elaborar leyes federales. El Congreso está dividido en dos sectores, el Senado y la Cámara de Representantes. Al dividir el Congreso en dos, la

Constitución pone en práctica la idea de controles y balances dentro de la rama legislativa. Estos dos sectores se "controlan" uno al otro porque ambos deben estar de acuerdo para promulgar una ley.

## P. ¿Cómo está compuesto el Congreso?

[*What makes up Congress?*]

R. El Senado y la Cámara de Representantes

[*The Senate and the House of Representatives*]

Se asignan poderes específicos a cada una de las dos cámaras. Solamente el Senado tiene el poder de rechazar un tratado firmado por el Presidente y a una persona elegida para la Suprema Corte de Justicia. Solamente la Cámara de Representantes tiene el poder de comenzar a considerar un proyecto de ley que obliga a los estadounidenses a pagar impuestos. Asimismo, solamente esta cámara tiene el poder de obligar al Presidente a ir a juicio por un delito en contra de los Estados Unidos. Esto se denomina enjuiciamiento.

## P. ¿Quién elabora las leyes Federales en los Estados Unidos?

[*Who makes the federal laws in the United States?*]

R. El Congreso

[*Congress*]

Una ley federal es una norma que todas las personas que viven en los Estados Unidos deben cumplir. Toda ley comienza como una propuesta formulada por un miembro del Congreso. Las propuestas sobre impuestos deben comenzar en la Cámara.

Otros tipos de propuestas pueden ser formuladas por cualquier senador o representante. Cuando el Senado o la Cámara elabora una propuesta, ésta se denomina proyecto de ley. Si el Presidente firma este proyecto se convierte en una ley federal.

## P. ¿Quién firma los proyectos para convertirlos en leyes?

[*Who signs bills into law?*]

R. El Presidente

[*The President*]

Un proyecto de ley es una propuesta que se analiza en el Congreso. Ambos sectores del Congreso, el Senado y la Cámara de Representantes, deben enviar la misma versión del proyecto. Cuando lo hacen de esta manera, el proyecto pasa al Presidente quien lo transforma en ley. El Presidente tiene, sin embargo el poder de vetarla. Esto quiere decir que el Presidente puede rechazar un proyecto enviado por el Congreso. Sin embargo, si dos tercios de la Cámara de Representantes y dos tercios del Senado votan para enviar el proyecto nuevamente, éste se convierte en ley. Este proceso se denomina invalidación del veto del Presidente.

## P. ¿Qué es el Capitolio de los Estados Unidos?

[*What is the United States capitol?*]

R. El lugar donde se reúne el Congreso.

[*The place where Congress meets.*]

Cuando el Congreso se mudó al Capitolio en 1800, una gran parte de la construcción de los cuartos interiores no estaba terminada. Pasaron dos años más antes que el Congreso apartara suficientes fondos como para finalizar la construcción. Poco tiempo después, cuando las tropas británicas invadieron Washington durante la Guerra de 1812, incendiaron el Capitolio. Afortunadamente una fuerte tormenta de lluvia salvó al edificio de ser totalmente quemado. La reconstrucción del Capitolio no se completó hasta 1829.

## P. ¿Quién elige al Congreso?

[*Who elects Congress?*]

R. Los ciudadanos de los Estados Unidos.

[*The citizens of the United States.*]

La nación está dividida en 435 distritos del congreso. Las personas de cada distrito están representadas por un miembro de la Cámara de Representantes. Las personas de cada estado también votan por dos Senadores de los Estados Unidos. El período de ejercicio para los miembros de la Cámara de Representantes es de dos años .El período para los Senadores es de seis años. Antes de 1913 legislaturas del estado elegían a los Senadores para representar ese estado. A partir de entonces, sin embargo, el pueblo de un estado es el que directamente elige a sus dos senadores.

## P. ¿Cuántos senadores hay en el Congreso?

[*How many senators are there in Congress?*]

R. Hay cien senadores en el Congreso, dos de cada estado.

[*There are one hundred Senators in Congress, two from each state.*]

## P. ¿Cuántos senadores tiene el congreso?

[*How many senators are there in Congress?*]

R. El congreso norteamericano esta compuesto por cien senadores, dos por cada estado.

[*There are one hundred senators in Congress, two from each
state.*]

Una de las razones por la cual el senado estadounidense fue
creado fue para equiparar los estados con menor población a los
estados con mayor nivel poblacional. Con una representación de
dos senadores por estado, aquellos estados con menos población
tienen la misma representación en el senado que aquellos estados
con un mayor número de gente. Por el contrario, en la cámara de
representantes los estados con mayor población tienen más
representantes y, por ende, mayor poder.

## P. ¿Por qué el senado estadounidense esta compuesto por cien senadores?

[*Why are there one hundred Senators in the United States Senate?*]

R. Dos senadores son elegidos por cada estado.

[*Each state elects two Senators.*]

Los autores de la constitución querían que las dos cámaras del
congreso tengan características distintas que las individualicen.
Al otorgar a cada estado la atribución de escoger solamente dos
senadores, los autores de la constitución se aseguraron que el
senado no sería muy grande. Esto permitiría que esta cámara
sea más fácil de manejar que la cámara de representantes. Tal
como lo describió James Madison en el Federalist Paper N° 63,
el senado debería ser un "cuerpo colegiado, moderado y respe-
table, de ciudadanos" que opera de forma "serena y reflexiva".

## P. ¿Cuánto dura una gestión o mandato en el senado?

[*How long is a term in Senate?*]

R. Seis años

[*Six years.*]

Los autores de la constitución querían que los senadores obren independientemente a la opinión pública. Ellos también deseaban que el senado sea un contrapeso a la corta gestión de dos años que tendrían los miembros de la cámara de representantes, cuyos actos serían fuertemente influenciados y gobernados, hasta cierto punto, por parte de la opinión pública. La constitución no fija un límite al número de gestiones o mandatos que un senador pueda tener.

## P. ¿Cuántas veces puede ser reelegido un congresista?

[*How many times may a senator or congressman be re-elected?*]

R. No hay límite de reelección para un congresista.

[*There is no limit.*]

Varios estados, tales como California, tienen límites a la gestión de los miembros de su legislatura estatal. Asimismo, muchos estados han considerado limitar el número de gestiones públicas o mandatos que sus senadores y representantes estadounidenses puedan servir. En 1995, la Corte Suprema de Justicia de los EE.UU. determinó que ningún estado tiene esta atribución. La Corte Suprema afirmó que tal practica debilitaría, en efecto, el carácter nacional del congreso de los Estados Unidos. La única manera que los mandatos legislativos del congreso de los Estados Unidos pudiesen ser acortados sería a través de una enmienda constitucional.

## P. Nombre dos senadores de su estado.

[*Name two senators from your state.*]

R. La respuesta a esta pregunta depende de donde usted vive.

[*The answer to this question depends on where you live.*]

Para obtener una lista completa de los senadores de los Estados Unidos y los estados a los que representan, diríjase a la siguiente página Web: www.senate.gov.

## P. ¿Cuántos miembros con derecho a voto tiene la Cámara de Representantes?

[*How many voting members are in the House of Representatives?*]

R. La Cámara de Representantes está compuesta por 435 miembros con derecho a voto.

[*There are 435 voting members in the House of Representatives.*]

La Cámara de Representantes está compuesta por 435 miembros desde 1912. Desde ese año la distribución estatal de aquellos 435 escaños ha cambiado. Esto se debe a que el número de dichos curules por cada estado debe ser recalculado cada diez años. Lo nuevos datos obtenidos de cada censo son utilizados para este cometido. Si un estado recibe muchos nuevos residentes mientras que otro los pierde, el primero obtendría uno o más representantes, mientras que el segundo perdería uno o más representantes. Sin embargo, el número total absoluto de representantes nunca varía.

## P. ¿Por cuánto tiempo elegimos a nuestros representantes en la cámara de representantes?

[*For how long do we elect each member of the House of Representatives?*]

R. Dos años

[*Two years*]

A las personas que viven en un distrito electoral se las llama electores. Los representantes tienden a reflejar las opiniones e intereses grupales de sus electores. Si los representantes no lo hacen, corren el riesgo de no ser reelegidos. Los autores de la constitución creían que periodos legislativos cortos y reelecciones frecuentes mantendrían a los representantes más cerca de sus electores y de la voz del pueblo. La constitución no fija ninguna limitación al número de periodos legislativos que un representante puede ejercer sus funciones.

## P. ¿Cuál es la cúspide de la rama judicial en nuestro gobierno?

[*What is the highest part of the judiciary branch of our Government?*]

R. La Corte Suprema de Justicia

[*The Supreme Court*]

Muchas y diversas cortes federales componen el sistema judicial. La constitución creó la corte suprema de justicia, pero otorgo al congreso el derecho de crear cortes federales inferiores. Las cortes de distrito y de apelaciones son dos ejemplos de cortes inferiores. Las decisiones emitidas por estas cortes pueden ser revisadas y anuladas por la Corte Suprema de Justicia, en virtud a que ésta es de mayor rango. Las cortes inferiores están distribuidas a lo largo del país en varios distritos y circuitos judiciales.

## P. ¿Cuál es el tribunal de mayor rango en los Estados Unidos?

[*What is the highest court in the United States?*]

R. La Corte Suprema de Justicia

[*The Supreme Court*]

La Corte Suprema de Justicia de los Estados Unidos ejerce la mayor autoridad sobre todas las otras cortes federales. Tiene la última palabra sobre casos ventilados en las cortes federales. La interpretación legal de la Corte Suprema de Justicia sobre materia federal y constitucional es vinculante y no admite recurso ulterior alguno. Sin embargo, la autoridad de la Corte

Suprema de Justicia sobre los estados es limitada. La Corte Suprema de Justicia no puede interpretar la ley estatal o las constituciones estatales.

## P. ¿Cuáles son los deberes de la Corte Suprema?
[*What are the duties of the Supreme Court?*]

R. Interpretar y explicar las leyes.

[*To interpret and explain the laws.*]

La Corte Suprema examina las leyes para ver si son compatibles con la Constitución de EE.UU. Si no lo son, la Corte puede declarar que son inconstitucionales y por tanto inválidas. En este caso, las leyes se rechazan. La Corte Suprema es la última autoridad en todos los casos que tratan con leyes y tratados federales. También falla sobre otros casos, como las contiendas entre estados.

## P. ¿Quién propone jueces para la Corte Suprema?
[*Who nominates judges for the Supreme Court?*]

R. El Presidente

[*The President*]

El proceso de proponer a un juez para Magistrado de la Corte Suprema constituye un ejemplo de restricciones y equilibrios (*checks and balances* en inglés). El poder ejecutivo tiene la facultad de escoger a los integrantes del poder judicial del gobierno federal. El poder legislativo puede restringir esta facultad, ya que el Senado debe confirmar al juez propuesto por el Presidente. Sin embargo, una vez aceptados a la Corte, los Magistrados sirven de por vida. De este modo se protege la autoridad y la independencia del poder judicial.

## P. ¿Cuántos Magistrados tiene la Corte Suprema?

[*How many Supreme Court Justices are there?*]

R. Nueve

[*Nine*]

La cantidad de Magistrados no queda establecida por la Constitución. En el pasado ha habido hasta diez Magistrados y solo seis. Actualmente hay ocho Magistrados Asociados y un Magistrado Principal. Los Magistrados Asociados actuales son Ruth Bader Ginsburg, David Souter, Clarence Thomas, Stephen Breyer, Antonin Scalia, John Paul Stevens, Anthony Kennedy y Samuel Alito. El Magistrado Principal es John Roberts.

## P. ¿Quién es el Magistrado Principal de la Corte Suprema?

[*Who is Chief Justice of the Supreme Court?*]

R. John G. Roberts, hijo.

[*John G. Roberts, Jr.*]

John G. Roberts, hijo es actualmente el decimoséptimo Magistrado Principal de la Corte Suprema de EE.UU. El Presidente George W. Bush lo propuso para este puesto después de la muerte del previo Magistrado Principal, William Rehnquist, en septiembre de 2005. A sus 50 años de edad, el Magistrado Roberts se convirtió en el menor Magistrado Principal desde 1801 cuando John Marshall fue confirmado a sus 45 años. Previamente el Magistrado Roberts sirvió en la Corte de Apelaciones de EE.UU. para el Circuito del Distrito de Columbia.

## P. ¿Se puede cambiar la Constitución?

[*Can the Constitution be changed?*]

R. Sí

[*Yes*]

Una faceta notable de la Constitución de EE.UU. es su flexibilidad, ya que se puede cambiar. Se cambia por medio del proceso de enmienda. Por esto frecuentemente nos referimos a ella como la "Constitución viva". Los autores de la Constitución decidieron que las enmiendas debían ser infrecuentes. Debido a esto, el proceso de enmienda es difícil y lento. Sin embargo, la Constitución se ha cambiado veintisiete veces, siendo la enmienda más reciente agregada en 1992.

## P. ¿Cómo se llaman los cambios en la Constitución?

[*What do we call changes to the Constitution?*]

R. Enmiendas

[*Amendments*]

No es fácil cambiar, o enmendar, la Constitución. Primero, dos terceras partes del Senado y dos terceras partes de la Cámara de Representantes deben votar para aprobar una enmienda. Luego, tres cuartas partes de los estados también deben aprobar la enmienda. Este proceso se llama la ratificación.

## P. ¿Cómo se llaman las primeras diez enmiendas a la Constitución?

[*What are the first ten amendments to the Constitution called?*]

R. La Declaración de Derechos

[*The Bill of Rights*]

Las primeras diez enmiendas a la Constitución fueron ratificadas en 1791 y llegaron a conocerse como la Declaración de Derechos. Partiendo de principios de la Declaración de Independencia, la Declaración de Derechos garantiza los derechos de individuos y limita el poder del gobierno. Las primeras ocho enmiendas especifican derechos individuales, como la libertad de expresión, el derecho a portar armas, la protección contra los registros de casas sin un orden de registro, la libertad para no ser procesado dos veces por el mismo delito, el derecho de no dar testimonio contra uno mismo, el derecho a un proceso jurídico con un jurado de compañeros, el derecho de tener un abogado y la protección contra multas excesivas y castigos insólitos. Las últimas dos enmiendas en la Declaración de Derechos tratan sobre los derechos del pueblo en su relación con los gobiernos federal y estatales.

## P. ¿Qué es la Declaración de Derechos?

[*What is the Bill of Rights?*]

R. Las primeras diez enmiendas a la Constitución.

[*The first ten amendments to the Constitution*]

Cuando se redactó la Constitución por primera vez, ésta no se enfocaba en los derechos de individuales, sino tenía la meta de crear el sistema y la estructura del gobierno. Muchos estadounidenses, entre ellos un grupo denominado los Anti-Federalistas, querían una lista específica de cosas que el gobierno no podía hacer. James Madison respondió con una lista de derechos individuales y limitaciones del gobierno. Algunos de estos incluían el derecho de los ciudadanos de practicar su religión libremente, de hablar y publicar sus ideas libremente, y de quejarse en público sobre cualquier tema que querían. Esta lista tenía la forma de cambios, o enmiendas, a la Constitución. Las enmiendas se ratificaron en 1791. Al poco tiempo se denominaron la Declaración de Derechos.

## P. ¿De quiénes son los derechos garantizados por la Constitución y la Declaración de Derechos?

[*Whose rights are guaranteed by the Constitution and the Bill of Rights?*]

R. Los de todas las personas que viven en los Estados Unidos.

[*All people living in the United States*]

Una razón por la que millones de inmigrantes se han mudado a los Estados Unidos es esta garantía de los derechos. La Quinta Enmienda garantiza a todas las personas en los Estados Unidos la protección igual de la ley. Esto es cierto sin importar el color de su piel, la lengua que habla ni la religión que practica. La Enmienda Decimocuarta, ratificada después de la Guerra Civil, expandió esta garantía de los derechos. Ya ningún estado podría negar los derechos de ninguno de sus ciudadanos.

## P. ¿En qué radica la libertad de palabra?

[*Where does freedom of speech come from?*]

R. En la Declaración de Derechos

[*The Bill of Rights*]

La libertad de palabra es una libertad civil muy importante. La primera sección de la Declaración de Derechos, la Primera Enmienda, garantiza esta libertad. La palabra incluye la expresión oral, la escritura, las actuaciones y otros modos de auto-expresión. Los estadounidenses tienen el derecho básico de expresar sus puntos de vista sobre cualquier tema. Esto es cierto aunque el gobierno no esté de acuerdo con estos puntos de vista. Sin embargo, en ciertas situaciones muy específicas se limita la libertad de palabra. Por ejemplo, nadie puede gritar "incendio" falsamente en un teatro para provocar el pánico.

## P. Nombre un derecho o libertad garantizada por la Primera Enmienda.

[*Name one right or freedom guaranteed by the First Amendment.*]

R. Los derechos de la libertad de religión, de palabra, de la prensa, de asamblea, y de hacer peticiones al gobierno.

[*The rights of freedom of religion, of speech, of the press, of assembly, and to petition the government.*]

Estos derechos, garantizados por la Primera Enmienda, forman parte de la libertad de expresión de uno. Al proteger la libertad de expresión se fomenta el diálogo abierto y el debate sobre las cuestiones públicas, lo cual constituye el fundamento de la democracia. Asimismo, el intercambio libre de ideas facilita el cambio pacífico y avanza el conocimiento. También en la Primera Enmienda, la libertad de religión tiene dos partes. Esta enmienda impide que el Congreso establezca alguna religión como oficial del estado, y protege los derechos de los ciudadanos de albergar cualquier creencia religiosa o ninguna.

## P. ¿Cuántos cambios, o enmiendas, tiene la Constitución?

[*How many changes, or amendments, are there to the Constitution?*]

R. Veintisiete

[*Twenty-seven*]

Las primeras enmiendas a la Constitución se le añadieron en 1791. Estas diez enmiendas originales se llaman la Declaración de Derechos. Desde la creación de la Declaración de Derechos se han agregado diecisiete más enmiendas. La vigésima séptima es la enmienda más reciente. Se agregó en 1992 y trata sobre la manera de pagar a Senadores y Representantes.

## P. Nombre las enmiendas que garantizan o tratan el derecho a votar.

[*Name the amendments that guarantee or address voting rights.*]

R. Las enmiendas 15ª, 19ª, 24ª y 26ª

[*The 15th, 19th, 24th and 26th amendments*]

La Enmienda Decimonovena otorgó a las mujeres el derecho a votar. Surgió de décadas de duro trabajo de parte del movimiento de los derechos de la mujer. Éste también se conocía como el movimiento de sufragismo. La Enmienda Decimoquinta se redactó después de la Guerra Civil y el fin de la esclavitud. Permitió que los hombres estadounidenses de todas las razas votaran. Algunos líderes de estados meridionales se perturbaron ya que esta enmienda permitía que los Africano-americanos votaran. Estos líderes tramaron cuotas que se llamaban *poll tax* (impuesto de votar) para impedir que aquellos votaran. La Enmienda Vigésimo Cuarta hizo ilegal el impedir que alguien votara porque no había pagado dicho impuesto. La Enmienda Vigésimo Sexta redujo la edad de votación a los dieciocho años.

## P. ¿Cuál es el derecho más importante que se les otorga a los ciudadanos de los Estados Unidos?

[*What is the most important right granted to United States citizens?*]

R. El derecho a votar

[*The right to vote*]

La ley no requiere que ningún estadounidense vote, pero el ejercer su derecho a votar es una parte muy importante de la ciudadanía. Solamente votando puede usted hacerse escuchar. Al votar, se compromete activamente al proceso democrático. Los ciudadanos votan para ser representados por líderes que comparten sus ideas y defienden sus intereses. Las enmiendas constitucionales como la Enmienda Decimoquinta (que otorgó a los previos esclavos el derecho a votar) y la Decimonovena (que otorgó a las mujeres el derecho a votar) mejoraron mucho nuestra democracia al extender el voto a más grupos de ciudadanos.

## P. Nombre una ventaja de ser ciudadano de los Estados Unidos.

[*Name one benefit of being a citizen of the United States.*]

R. Obtener puestos con el gobierno federal, viajar con un pasaporte estadounidense o solicitar que parientes cercanos vengan a vivir en los Estados Unidos.

[*To obtain federal government jobs, to travel with a U.S. passport, or to petition for close relatives to come to the United States to live.*]

Earl Warren, anterior Magistrado Principal de la Corte Suprema, dijo alguna vez que la ciudadanía consta de "nada menos que el derecho a tener derechos". Los más importantes de estos incluyen el derecho de escoger su propio trabajo, de expresar sus creencias libremente, y de estar en desacuerdo con las políticas del gobierno. A la vez, las responsabilidades de ciudadanos incluyen acatar las leyes, votar y servir en jurados. Los ciudadanos responsables también participan en sus comunidades. Esto puede incluir unirse a la Asociación para Padres y Maestros (PTA por sus siglas en inglés) de la escuela de su hijo, proponerse como candidato para el comité directivo de la escuela local, u ofrecerse como voluntario para ayudar en un lugar de votación.

## P. ¿Cuántos estados tiene los Estados Unidos de América hoy?

[*How many states are there in the United States today?*]

R. Cincuenta estados

[*Fifty states*]

Hay cincuenta estados en los Estados Unidos. Los primeros trece estados, los cuales originalmente formaron las primeras trece colonias británicas, eran Connecticut, Nueva Hampshire, Nueva York, Nueva Jersey, Maryland, Virginia, Pennsilvania, Rhode Island, Massachusetts, Georgia, Delaware, Carolina del Norte, y Carolina del Sur.

## P. ¿Cuál fue el cuadragésimo noveno estado que se unió a los estados unidos?

[*What was the forty-ninth state added to the United States?*]

R. Alaska

En 1867, el gobierno de los Estados Unidos adquirió el territorio de Alaska de Rusia, por la suma de $u.s. 7,200,000. El Secretario [Ministro] de Estado William Seward fue el que tomó la decisión de adquirir Alaska. Noventa y dos años después Alaska por fin se convirtió en estado pleno. El pueblo de Alaska ahora honra la memoria de Seward por su dedicación a su estado y celebran el Día de Seward cada marzo.

## P. ¿Cuál fue el quincuagésimo estado que se unió a los estados unidos?

[*What was the fiftieth state to be added to the United States?*]

R. Hawai

[*Hawaii*]

Hawai es el único estado completamente separado del conti-
nente norteamericano. Seis islas principales y diversas islas e
islotes más pequeños componen este estado. Hawai está
ubicado en el Océano Pacífico, aproximadamente a 2,400
millas (3,862 kilómetros) de la ciudad de Los Ángeles,
California. Las islas hawaianas se incorporaron a los Estados
Unidos como territorio, oficialmente, en el año 1898.
Posteriormente y por muchas décadas, los hawaianos exigieron
que su territorio adquiera la calidad de estado, lo cual finalmente sucedio en 1959.

## P. ¿Cuál es la capital del estado en donde usted vive?

[*What is the capital of the state you live in?*]

R. La respuesta a esta pregunta depende del estado donde usted
reside.

[*The answer to this question depends on the state where you
reside.*]

Para saber cual es la capital de su estado, diríjase a la siguiente
página Web www.firstgov.gov y seguidamente seleccione el
enlace con el gobierno estatal de su estado.

## P. ¿Cómo se llama la rama ejecutiva de un gobierno estatal?

[*What is the executive of a state government called?*]

R. El Gobernador o la oficina del gobernador

[*The Governor*]

El puesto de gobernador no es el mismo en cada estado. El número de años que un gobernador se desempeña en sus funciones—llamado periodo legislativo—puede variar de estado a estado. El trabajo encomendado a un gobernador al interior del gobierno estatal es similar al de un presidente en su relación con el gobierno federal. Sin embargo, las leyes que el gobernador ejecuta son diferentes de las leyes federales que un presidente ejecuta. La constitución dice que ciertos asuntos públicos deben estar al amparo de la ley federal y no por la legislación estatal. Todos los demás asuntos deben ser regulados por la ley estatal. Este sistema se lo conoce por el nombre de federalismo. El federalismo obliga a los estados y al gobierno federal a compartir poderes sobre muchos asuntos.

## P. ¿Quién es el gobernador actual de su estado?

[*Who is the current governor of the state you live in?*]

R. La respuesta depende de donde usted viva.

[*The answer to this question depends on where you live.*]

Para enterarse del nombre del gobernador de su estado, diríjase a la siguiente página Web www.firstgov.gov y seguidamente seleccione el enlace con el gobierno estatal de su estado.

## P. ¿Cómo se llama la cabeza ejecutiva de un gobierno municipal?

[*What is the head executive of a city government called?*]

R. El alcalde

[*The Mayor*]

Al igual que un gobernador o un presidente, el alcalde debe compartir el poder con un cuerpo legislativo. En un gobierno municipal, dicho cuerpo legislativo a menudo se denomina consejo municipal. Las ciudades en los Estados Unidos están ubicadas al interior de zonas o divisiones político-administrativas mucho más grandes denominadas condados. Usualmente, cada condado tiene su propio gobierno.

## P. ¿Qué poder del estado tiene la potestad de declarar la guerra a otro país?

[*What group has the power to declare war?*]

R. El congreso

[*Congress*]

El congreso de los Estados Unidos le ha declarado la guerra, formalmente, a otro país once veces. La decisión de ir a la guerra, en dichas deliberaciones congresales, estuvo muy cerca de fracasar en dos oportunidades. La primera de estas dos oportunidades, cuando Estados Unidos casi no va a la guerra, se llevó a cabo justo antes de la guerra de 1812 y la segunda de dichas oportunidades se repitió justo antes de la guerra Hispano-Americana. El congreso no ha declarado la guerra desde que los Estados Unidos peleó en la segunda guerra mundial. Sin embargo, desde entonces el congreso norteamericano ha autorizado que se lleve a cabo una acción militar de guerra. Este cambio refleja la tradición democrática del legislativo de aprobar el despliegue de tropas efectuado por órdenes del presidente de la república en su calidad de comandante en jefe de las fuerzas armadas.

## P. ¿Quién es el comandante en jefe de las fuerzas armadas de los Estados Unidos?

[*Who is Commander-in-Chief of the United States military?*]

R. El presidente

[*The President*]

El hecho de hacer que el presidente sea, a la vez, el comandante en jefe de las fuerzas armadas demuestra el compromiso de los padres de la patria a los ideales democráticos.

## P. Nombre los países enemigos de nuestro país durante la segunda guerra mundial.

[*Name some countries that were our enemies during World War II.*]

R. Alemania, Italia y Japón

[*Germany, Italy, and Japan*]

Los Estados Unidos oficialmente declararon la guerra al Japón el 8 de diciembre de 1941. Franklin D. Roosevelt, en su calidad de comandante en jefe de las fuerzas armadas de la nación, obtuvo una declaración de guerra del congreso. Esto sucedió el día después de que Japón bombardeara Pearl Harbor, una base naval americana en Hawai. Seguidamente, los socios de Japón en el eje Roma-Berlín-Tokio declararon la guerra a Estados

Unidos, Gran Bretaña y sus aliados. Los aliados lucharon contra los nazis alemanes, los fascistas italianos, y el expansionismo militar nipón.

## P. Indique uno de los propósitos de las Naciones Unidas.

[*Name one of the purposes of the United Nations.*]

R. Para que los países puedan discutir e intentar resolver los problemas mundiales o el de proporcionar ayuda económica a muchos países.

[*For countries to discuss and try to resolve world problems or to provide economic aid to many countries.*]

Las Naciones Unidas, cuya organización a menudo se llama la ONU, fue fundada en 1945, poco después del fin de la segunda guerra mundial. La carta fundacional de las Naciones Unidas describe las principales atribuciones del la ONU.— "El mantenimiento de la paz y seguridad internacional o la preservación de humanidad de la guerra...la de desarrollar la armonía y la amistad entre las naciones...(y) la de lograr la cooperación internacional para la resolución de problemas de índole internacional." Los dos componentes más conocidos de la ONU son la asamblea general, compuesta por más de 190 naciones, y el consejo de seguridad, integrada por tan sólo diez países. Los Estados Unidos es uno de los cinco países que son miembros permanentes de dicho consejo d seguridad. El presidente tiene la potestad de designar al embajador de los Estados Unidos ante las Naciones Unidas. Posteriormente, el senado debe ratificar dicha designación.

## P. ¿Quién era Martin Luther King, Jr.?

[*Who was Martin Luther King, Jr.?*]

R. Un líder del movimiento por los derechos civiles

[*A civil rights leader*]

Martin Luther King, Jr., era un pastor bautista y héroe del movimiento por los derechos civiles. Durante su corta vida, el trabajó arduamente para que Estados Unidos sea un lugar más justo, más tolerante e igualitario. El propugnó la idea de que cada ciudadano merece hacerse merecedor del sueño americano de igualdad y justicia para todos.

# APÉNDICE E:
# MUESTRA DE NOTIFICACIÓN DE RECIBO

Department of Homeland Security
U.S. Citizenship and Immigration Services

**I-797C, Notice of Action**

# THE UNITED STATES OF AMERICA

| Receipt | NOTICE DATE September 14, 2006 |
|---|---|

| CASE TYPE N400    Application For Naturalization | USCIS A# A |
|---|---|

| APPLICATION NUMBER LIN* | RECEIVED DATE September 07, 2006 | PRIORITY DATE September 07, 2006 | PAGE 1 of 1 |
|---|---|---|---|

APPLICANT NAME AND MAILING ADDRESS                           PAYMENT INFORMATION:

c/o DEBBIE M SCHELL
780 LEE STREET SUITE 102
DES PLAINES IL  60016

|  |  |
|---|---|
| Single Application Fee: | $400.00 |
| Total Amount Received: | $400.00 |
| Total Balance Due: | $0.00 |

The above application has been received by our office and is in process.  Our records indicate your personal information is as follows:

Date of Birth:          December 21, 1969
Address Where You Live:

Please verify your personal information listed above and immediately notify our office at the address or phone number listed below if there are any changes.

You will be notified of the date and place of your interview when you have been scheduled by the local USCIS office.  You should expect to be notified within 540 days of this notice.

If you have any questions or comments regarding this notice or the status of your case, please contact our office at the below address or customer service number. You will be notified separately about any other cases you may have filed.

If you have other questions about possible immigration benefits and services, filing information, or USCIS forms, please call the USCIS National Customer Service Center (NCSC) at **1-800-375-5283**.  If you are hearing impaired, please call the NCSC TDD at **1-800-767-1833.**

If you have access to the Internet, you can also visit USCIS at **www.uscis.gov**. Here you can find valuable information about forms and filing instructions, and about general immigration services and benefits.  At present, this site does not provide case status information.

**USCIS Office Address:**
U.S. CITIZENSHIP AND IMMIGRATION SERVICES
PO BOX 87400
LINCOLN NE 68501-

**USCIS Customer Service Number:**
(800) 375-5283

REPRESENTATIVE COPY

LINS/

- *Please save this notice for your records. Please enclose a copy if you have to write us or a U. S. Consulate about this case, or if you file another application based on this decision.*

- *You will be notified separately about any other applications or petitions you have filed.*

## Additional Information

### GENERAL.

The filing of an application or petition does not in itself allow a person to enter the United States and does not confer any other right or benefit.

### INQUIRIES.

You should contact the office listed on the reverse side of this notice if you have questions about the notice, or questions about the status of your application or petition. *We recommend you call.* However, if you write us, please enclose a copy of this notice with your letter.

### APPROVAL OF NONIMMIGRANT PETITION.

Approval of a nonimmigrant petition means that the person for whom it was filed has been found eligible for the requested classification. If this notice indicated we are notifying a U.S. Consulate about the approval for the purpose of visa issuance, and you or the person you filed for have questions about visa issuance, please contact the appropriate U.S. Consulate directly.

### APPROVAL OF AN IMMIGRANT PETITION.

Approval of an immigrant petition does not convey any right or status. The approved petition simply establishes a basis upon which the person you filed for can apply for an immigrant or fiance(e) visa or for adjustment of status.

A person is not guaranteed issuance of a visa or a grant of adjustment simply because this petition is approved. Those processes look at additional criteria.

If this notice indicates we have approved the immigrant petition you filed, and have forwarded it to the Department of State Immigrant Visa Processing Center, that office will contact the person you filed the petition for directly with information about visa issuance.

In addition to the information on the reverse of this notice, the instructions for the petition you filed provide additional information about processing after approval of the petition.

For more information about whether a person who is already in the U.S. can apply for adjustment of status, please see Form I-485, *Application to Register Permanent Residence or Adjust Status.*

# APÉNDICE F:
# MUESTRA DE NOTIFICACIÓN PARA PRESENTARSE PARA LA TOMA DE HUELLAS DACTILARES

Department of Homeland Security
U.S. Citizenship and Immigration Services

**I-797C, Notice of Action**

## THE UNITED STATES OF AMERICA

| Fingerprint Notification | | | **NOTICE DATE** September 18, 2006 |
|---|---|---|---|
| **CASE TYPE** N400    Application For Naturalization | | | **USCIS A#** A |
| **APPLICATION NUMBER** LIN* | **RECEIVED DATE** September 07, 2006 | **PRIORITY DATE** September 07, 2006 | **PAGE** 1 of 1 |

**APPLICANT NAME AND MAILING ADDRESS**

c/o DEBBIE M SCHELL
780 LEE STREET SUITE 102
DES PLAINES IL 60016

To process your application, USCIS must take your fingerprints and have them cleared by the FBI. **PLEASE APPEAR AT THE BELOW APPLICATION SUPPORT CENTER AT THE DATE AND TIME SPECIFIED.** If you are unable to do so, complete the bottom of this notice and return the entire original notice to the address below. **RESCHEDULING YOUR APPOINTMENT WILL DELAY YOUR APPLICATION. IF YOU FAIL TO APPEAR AS SCHEDULED BELOW OR FAIL TO REQUEST RESCHEDULING, YOUR APPLICATION WILL BE CONSIDERED ABANDONED.**

| **APPLICATION SUPPORT CENTER** | **DATE AND TIME OF APPOINTMENT** |
|---|---|
| CIS NAPERVILLE 888 SOUTH ROUTE 59 #124 NAPERVILLE IL 60540 | 09/27/2006 09:00 AM |

**WHEN YOU GO TO THE APPLICATION SUPPORT CENTER TO HAVE YOUR FINGERPRINTS TAKEN, YOU MUST BRING:**
**1. THIS APPOINTMENT NOTICE** and
**2. PHOTO IDENTIFICATION.** Naturalization applicants must bring their Alien Registration Card. All other applicants must bring a passport, driver's license, national ID, military ID, or State-issued photo ID. If you appear without proper identification, you will not be fingerprinted.

**PLEASE DISREGARD THIS NOTICE IF YOUR APPLICATION HAS ALREADY BEEN GRANTED.**

### REQUEST FOR RESCHEDULING

Please reschedule my appointment for the next available:    ☐ Wednesday afternoon    ☐ Saturday afternoon

USCIS cannot guarantee the day preferred, but will do so to the extent possible.
Upon receipt of your request, you will be provided a new appointment notice. Please mail your request to:

CIS NAPERVILLE
888 SOUTH ROUTE 59
#124
NAPERVILLE IL 60540

If you have any questions regarding this notice, please call 1-800-375-5283.      REPRESENTATIVE COPY

**APPLICATION NUMBER**
LIN*

### WARNING!
*Due to limited seating availability in our lobby areas, only persons who are necessary to assist with transportation or completing the fingerprint worksheet should accompany you.*

- *Please save this notice for your records. Please enclose a copy if you have to write us or a U. S. Consulate about this case, or if you file another application based on this decision.*

- *You will be notified separately about any other applications or petitions you have filed.*

---

## Additional Information

### GENERAL.

The filing of an application or petition does not in itself allow a person to enter the United States and does not confer any other right or benefit.

### INQUIRIES.

You should contact the office listed on the reverse side of this notice if you have questions about the notice, or questions about the status of your application or petition. *We recommend you call.* However, if you write us, please enclose a copy of this notice with your letter.

### APPROVAL OF NONIMMIGRANT PETITION.

Approval of a nonimmigrant petition means that the person for whom it was filed has been found eligible for the requested classification. If this notice indicated we are notifying a U.S. Consulate about the approval for the purpose of visa issuance, and you or the person you filed for have questions about visa issuance, please contact the appropriate U.S. Consulate directly.

### APPROVAL OF AN IMMIGRANT PETITION.

Approval of an immigrant petition does not convey any right or status. The approved petition simply establishes a basis upon which the person you filed for can apply for an immigrant or fiance(e) visa or for adjustment of status.

A person is not guaranteed issuance of a visa or a grant of adjustment simply because this petition is approved. Those processes look at additional criteria.

If this notice indicates we have approved the immigrant petition you filed, and have forwarded it to the Department of State Immigrant Visa Processing Center, that office will contact the person you filed the petition for directly with information about visa issuance.

In addition to the information on the reverse of this notice, the instructions for the petition you filed provide additional information about processing after approval of the petition.

For more information about whether a person who is already in the U.S. can apply for adjustment of status, please see Form I-485, *Application to Register Permanent Residence or Adjust Status.*

# APÉNDICE G:

## MUESTRA DE NOTIFICACIÓN PARA PRESENTARSE A LA ENTREVISTA DE NATURALIZACIÓN INICIAL

Department of Homeland Security
U.S. Citizenship and Immigration Services

**I-797C, Notice of Action**

## THE UNITED STATES OF AMERICA

| Request for Applicant to Appear for Naturalization Initial Interview | | | NOTICE DATE<br>October 13, 2006 |
|---|---|---|---|
| CASE TYPE<br>N400    Application For Naturalization | | | USCIS A#<br>A |
| APPLICATION NUMBER<br>LIN* | RECEIVED DATE<br>September 07, 2006 | PRIORITY DATE<br>September 07, 2006 | PAGE<br>1 of 1 |

APPLICANT NAME AND MAILING ADDRESS

c/o DEBBIE M SCHELL
780 LEE STREET SUITE 102
DES PLAINES IL 60016

.lil..ll..ll.....ll.ll..

**Please come to:**
U.S. CITIZENSHIP & IMMIGRATION SERVICES
101 WEST CONGRESS PARKWAY
CITIZENSHIP OFFICE
3RD FLOOR
CHICAGO IL 60605
**On (Date):** Tuesday, November 28, 2006
**At (Time):** 01:40 PM

You are hereby notified to appear for an interview on your Application for Naturalization at the date, time, and place indicated above. **Waiting room capacity is limited. Please do not arrive any earlier than 30 minutes before your scheduled appointment time.** The proceeding will take about two hours. If for any reason you cannot keep this appointment, return this letter immediately to the USCIS office address listed below with your explanation and a request for a new appointment; otherwise, no further action will be taken on your application.

If you are applying for citizenship for yourself, you will be tested on your knowledge of the government and history of the United States. You will also be tested on reading, writing, and speaking English, unless on the day you filed your application, you have been living in the United States for a total of at least 20 years as a lawful permanent resident and are over 50 years old, or you have been living in the United States for a total of 15 years as a lawful permanent resident and are over 55 years old, or unless you have a medically determinable disability (you must have filed form N648 Medical Certification for Disability Exception, with your N400 Application for Naturalization).

**You MUST BRING the following with you to the interview:**
- This letter.
- Your Alien Registration Card (green card).
- Any evidence of Selective Service Registration.
- Your passport and/or any other documents you used in connection with any entries into the United States.
- Those items noted below which are applicable to you:

If applying for NATURALIZATION AS THE SPOUSE of a United States Citizen;
- Your marriage certificate.
- Proof of death or divorce for each prior marriage of yourself or spouse.
- Your spouse's birth or naturalization certificate or certificate of citizenship.

If applying for NATURALIZATION as a member of the United States Armed Forces;
- Your discharge certificate, or form DD 214.

If copies of a document were submitted as evidence with your N400 application, the originals of those documents should be brought to the interview.

**PLEASE keep this appointment, even if you do not have all the items indicated above.**

If you have any questions or comments regarding this notice or the status of your case, please contact our office at the below address or customer service number. You will be notified separately about any other cases you may have filed.

**USCIS Office Address:**
U.S. CITIZENSHIP AND IMMIGRATION SERVICES
USCIS CHICAGO DISTRICT OFFICE
101 WEST CONGRESS PARKWAY
CHICAGO IL 60605-

**USCIS Customer Service Number:**
(800) 375-5283

REPRESENTATIVE COPY

- *Please save this notice for your records. Please enclose a copy if you have to write us or a U. S. Consulate about this case, or if you file another application based on this decision.*

- *You will be notified separately about any other applications or petitions you have filed.*

## *Additional Information*

### GENERAL.

The filing of an application or petition does not in itself allow a person to enter the United States and does not confer any other right or benefit.

### INQUIRIES.

You should contact the office listed on the reverse side of this notice if you have questions about the notice, or questions about the status of your application or petition. *We recommend you call.* However, if you write us, please enclose a copy of this notice with your letter.

### APPROVAL OF NONIMMIGRANT PETITION.

Approval of a nonimmigrant petition means that the person for whom it was filed has been found eligible for the requested classification. If this notice indicated we are notifying a U.S. Consulate about the approval for the purpose of visa issuance, and you or the person you filed for have questions about visa issuance, please contact the appropriate U.S. Consulate directly.

### APPROVAL OF AN IMMIGRANT PETITION.

Approval of an immigrant petition does not convey any right or status. The approved petition simply establishes a basis upon which the person you filed for can apply for an immigrant or fiance(e) visa or for adjustment of status.

A person is not guaranteed issuance of a visa or a grant of adjustment simply because this petition is approved. Those processes look at additional criteria.

If this notice indicates we have approved the immigrant petition you filed, and have forwarded it to the Department of State Immigrant Visa Processing Center, that office will contact the person you filed the petition for directly with information about visa issuance.

In addition to the information on the reverse of this notice, the instructions for the petition you filed provide additional information about processing after approval of the petition.

For more information about whether a person who is already in the U.S. can apply for adjustment of status, please see Form I-485, *Application to Register Permanent Residence or Adjust Status.*

Department of Homeland Security
U.S. Citizenship and Immigration Services

**N-659, Naturalization Interview**
**Document Check List**

---

| **NOTICE TO NATURALIZATION APPLICANTS.** |

Please bring the **original and a photocopy** of the applicable items listed below to your naturalization interview. Any document in a foreign language must be accompanied by an English language translation. The translator must certify that he or she is competent to translate and that the translation is accurate.

**You should be on time for your interview because rescheduling will cause delays in processing your case.**

---

| **DOCUMENT CHECK LIST.** |

1. **All applicants must bring:**

   - Your Permanent Resident Card (previously known as "Alien Registration Card" or "Green Card"); **and**
   - Photo identification; **and**
   - Your passport and any travel documents issued by the U.S. Government.

2. **If your current name is different than the name on your Permanent Resident Card, bring:**

   - The document that legally changed your name (e.g., marriage license, divorce decree, court document).

3. **If you are applying for naturalization on the basis of marriage to a U.S. citizen, bring:**

   - Proof that your spouse has been a U.S. citizen for at least the past three years (birth certificate, naturalization certificate, certificate of citizenship, your spouse's valid U.S. passport, **or** Form FS240, "Report of Birth Abroad of a Citizen of the United States of America"); **and**
   - Your current marriage certificate; **and**
   - Proof of termination of **all** of your spouse's prior marriages (e.g., divorce decree, death certificate); **and**
   - An **original** Internal Revenue Service (IRS) Form 1722 listing tax information for the past three years (call IRS toll-free at **1-800-829-1040**), **or** copies of the income tax forms you filed for the past three years.

4. **If you were previously married, bring:**

   - Proof of termination of **all** of your prior marriages (e.g., divorce decree, death certificate).

5. **If you have ever been in the U.S. military, are applying based on military service (see the Immigration and Nationality Act, sections 328 and 329), and have not previously submitted the two forms listed below with your Form N-400, bring:**

   - An **original** Form N-426, "Request for Certification of Military or Naval Service;" **and**
   - An **original** Form G-325B, "Biographic Information."

6. **If you have taken a trip outside of the United States that lasted for six months or more since becoming a Permanent Resident, bring:**

   - An **original** IRS 1722 letter (call IRS toll-free at **1-800-829-1040**), listing tax information for the past five years (or for the past three years if you are applying on the basis of marriage to a U.S. citizen).

7. **If you have a dependent spouse or children and have been ordered to provide financial support, bring:**

   - Copies of the court or government order to provide financial support; **and**
   - Evidence that you have complied with the court or government order (cancelled checks, money order receipts, a court or agency printout of child support payments **or** evidence of wage garnishments).

*(Continued on Next Page)*

Form N-659 (06/23/06)

8. **If you have ever been arrested or detained by any law enforcement officer for any reason and <u>no</u> charges were filed, bring:**

   - An official statement from the arresting agency or applicable court indicating that no charges were filed.

9. **If you have ever been arrested or detained by any law enforcement officer for any reason and <u>charges</u> were filed, bring:**

   - An **original** or certified copy of the arrest record(s) and the complete court disposition for each incident (dismissal order, conviction record **or** acquittal order).

10. **If you have ever been convicted or placed in an alternative sentencing program or rehabilitative program bring:**

    - The sentencing record for each incident; **and**

    - Evidence that you completed your sentence (probation record, parole record **or** evidence that you completed an alternative sentencing program or rehabilitative program).

11. **If you have ever had any arrest or conviction vacated, set aside, sealed, expunged or otherwise removed from your record, bring:**

    - An **original** or a certified copy of the court order, vacating, setting aside, sealing, expunging or otherwise removing the arrest or conviction.

      *Note that unless a traffic incident was alcohol or drug related, you do not need to submit documentation for traffic fines and incidents that did not involve an actual arrest if the only penalty was a fine of less than $500 and/or points on your driver's license.*

12. **If you have any federal, state or local taxes that are overdue, bring:**

    - A signed agreement from the IRS, state or local tax office showing that you have filed a tax return and arranged to pay the taxes you owe; **and**

      Documentation from the IRS, state or local tax office showing the current status of your repayment program.

13. **If you are applying for a disability exception to the testing requirement and have not submitted Form N-648, bring:**

    - An **original** Form N-648, "Medical Certification for Disability Exceptions," completed by a licensed medical doctor, licensed clinical psychologist or licensed doctor of osteopathy.

14. **If you did not register with the Selective Service and you (1) are male, (2) over 26 years old, (3) were born on or after January 1, 1960 and (4) were a Permanent Resident between the ages of 18 and 26 when you failed to register, bring:**

    - A "Status Information Letter" from the Selective Service. (Call **1-888-688-6888** for more information).

---

**NOTE:** Please bring the required documents to avoid delays in processing your case. This is a general check list. Since each case is unique, you may be required to submit additional documentation.

---

# APÉNDICE H:

## SOLICITUD PARA UNA AUDIENCIA SOBRE LA DECISIÓN EN PROCEDIMIENTOS DE NATURALIZACIÓN

OMB No. 1615-0050; Expires 7/31/07

**N-336, Request for a Hearing on a
Decision in Naturalization Proceedings
(Under Section 336 of the INA)**

Department of Homeland Security
U.S. Citizenship and Immigration Services

## Instructions

### 1. Filing This Form.

This form is used to appeal an unfavorable decision for an individual applicant.

You must file your request for a hearing within 30 calendar days after service of the decision (33 days if your decision was mailed) with the local office of the U.S. Citizenship and Immigration Services (USCIS) that made the unfavorable decision.

The date of service is normally the date of the decision. Submit an original request only. Additional copies are not required. (USCIS is comprised of offices of former Immigration and Naturalization Service.)

### 2. What Is the Fee?

You must pay a fee of **$265.00** to file this form.

**The fee will not be refunded, regardless of the action taken in your case. Do not mail cash.** All checks or money orders, whether United States or foreign, must be payable in U.S. currency at a financial institution in the United States. When a check is drawn on the account of a person other than yourself, write your name on the face of the check. If the check is not honored, USCIS will charge you $30.00.

Pay by check or money order in the exact amount. Make the check or money order payable to the **Department of Homeland Security**; unless:

- If you live in Guam and are filing this form there, make the check or money order payable to the "Treasurer, Guam."

- If you live in the U.S. Virgin Islands and are filing this form there, make the check or money order payable to the "Commissioner of Finance of the Virgin Islands."

When preparing your check or money order, spell out Department of Homeland Security. Do not use the initials "USDHS" or "DHS."

#### How to Check If the Fee Is Correct.

The fee on this form is current as of the edition date appearing in the lower right corner of this page. However, because USCIS fees change periodically, you can verify if the fee is correct by following one of the steps below:

- Visit our website at **www.uscis.gov** and scroll down to "Forms and E-Filing" to check the appropriate fee, or

- Review the Fee Schedule included in your form package, if you called us to request the form, or

- Telephone our National Customer Service Center at **1-800-375-5283** and ask for the fee information.

### 3. Attorney or Representative.

If you wish, you may be represented, at no expense to the U.S. government, by an attorney or other duly authorized representative. If so, that person must submit a Notice of Appearance (Form G-28) with the request for a hearing. Form G-28 can be obtained by calling our forms line number at **1-800-870-3676,** our National Customer Service Center at **1-800-375-5283** or from our internet website at **www.uscis.gov.**

### 4. Brief.

You do not need to submit a brief in support of your request, but you may submit two briefs if you so choose. You may also submit a simple written statement instead of a brief. You may also submit evidence. You must send your request and accompanying fee and documentation to the USCIS office that made the unfavorable decision. If you need more than 30 days, you must, within the initial 30 day period, explain why in a separate letter attached to this form. USCIS may grant more time for good cause.

### 5. Use InfoPass for Appointments.

As an alternative to waiting in line for assistance at your local USCIS office, you can now schedule an appointment through our internet-based system, **InfoPass.** To access the system, visit our website at **www.uscis.gov.** Use the **InfoPass** appointment scheduler and follow the screen prompts to set up your appointment. **InfoPass** generates an electronic appointment notice that appears on the screen. Print the notice and take it with you to your appointment. The notice gives the time and date of your appointment, along with the address of the USCIS office.

### 6. Paperwork Reduction Act Notice.

A person is not required to respond to a collection of information unless it displays a currently valid OMB control number. This collection of information is estimated to average 2 hours and 45 minutes per response, including the time for reviewing instructions, gathering evidence, completing the form, and appearing for an interview. Send comments regarding this burden estimate or any other aspect of this collection of information, including suggestions for reducing this burden, to: U.S. Citizenship and Immigration Services, Regulatory Management Division, 111 Massachusetts Avenue, N.W., Washington, DC 20529; OMB No.1615-0050. **Do not mail your completed application to this address.**

OMB No. 1615-0050; Expires 7/31/07

## N-336, Request for a Hearing on a
## Decision in Naturalization Proceedings
### (Under Section 336 of the INA)

Department of Homeland Security
U.S. Citizenship and Immigration Services

| For USCIS Only | |
|---|---|
| Decision: ☐ Grant <br> ☐ Denial | Fee: |
| **1. In the Matter of:** (Name of Naturalization Applicant) | File Number: <br> **A-** |

**2. I am filing a request for hearing on the decision dated:**

**3. Please check the one block that applies:**

a. ☐ I am **not submitting** a separate brief, statement or evidence.

b. ☐ I **am submitting** a separate brief, statement and/or evidence with this form.

c. ☐ I need _____ days to submit a brief, statement and/or evidence
to the USCIS. (May be granted only for good cause shown. Explain in a separate letter.)

**4. Person filing request:**

Name (Type or print in black ink.)

Address (Street Number and Name)                    (Apt. Number)

(City)                              (State)                    (Zip Code)

Signature                           Date (mm/dd/yyyy)

☐ I am an attorney or representative and I represent the applicant requesting a hearing on a
naturalization proceeding. [You must attach a Notice or Entry or Appearance (Form G-28)
if you are an attorney or representative and did not previously submit such a form.]
(Person for whom you are appearing)

**5. Briefly state the reason(s) for this request for a hearing:**

Form N-336 Instructions (Rev. 05/08/06)Y

# APÉNDICE I: PAÍSES QUE PERMITEN ALGÚN TIPO DE CIUDADANÍA DOBLE

1. Albania
2. Angola
3. Antigua y Barbuda
4. Argentina
5. Australia
6. Bahamas
7. Bangladesh
8. Barbados
9. Belarús
10. Belice
11. Bolivia
12. Benin
13. Brasil
14. Bulgaria
15. Burkina Faso
16. Camboya
17. Canadá
18. Cabo Verde
19. Chile
20. Colombia
21. Costa Rica
22. Croacia
23. Chipre
24. Chipre (Norte)
25. República Checa
26. Dominica
27. República Dominicana
28. Ecuador
29. Egipto
30. El Salvador
31. Estonia

32. República Federal de Yugoslavia
33. Fiyi
34. Francia
35. Alemania
36. Ghana
37. Grecia
38. Granada
39. Guatemala
40. Guyana
41. Haití
42. Hungría
43. India
44. Irán
45. Irlanda
46. Israel
47. Italia
48. Jamaica
49. Jordania
50. Latvia
51. Líbano
52. Lesotho
53. Liechtenstein
54. Lituania
55. Macao
56. Macedonia
57. Madagascar
58. Malta
59. México
60. Montenegro
61. Mongolia
62. Marruecos
63. Países Bajos
64. Nueva Zelanda
65. Nicaragua
66. Nigeria
67. Irlanda del Norte
68. Panamá
69. Pakistán
70. Paraguay
71. Perú
72. Pitcairn
73. Filipinas
74. Polonia
75. Portugal
76. Rumania
77. Rusia
78. Saint Kitts, (Saint Christopher) y Nevis
79. Santa Lucía
80. San Vicente
81. Serbia
82. Eslovenia
83. Sudáfrica
84. España
85. Sri Lanka
86. Suecia
87. Suiza

88. Siria
89. Taiwán
90. Tailandia
91. Tonga
92. Tíbet
93. Trinidad y Tobago
94. Turquía
95. Reino Unido
96. Ucrania
97. Uruguay
98. Vietnam
99. Samoa Occidental
100. Yemen

# APÉNDICE J:
# GLOSARIO DE TÉRMINOS

**ciudadanía adquirida.** (*acquired citizenship*) Ciudadanía otorgada en el nacimiento a niños nacidos en el exterior de padre/s ciudadano/s estadounidense/s.

**ajuste para la categoría de inmigrante.** (*adjustment to immigrant status*) Procedimiento que permite a ciertos extranjeros que ya están en los Estados Unidos, solicitar una categoría de inmigrante. Los extranjeros admitidos en los Estados Unidos en una categoría de no inmigrante, refugiado o bajo libertad condicional, pueden obtener el cambio al de residente permanente legal si son elegibles para recibir una visa de inmigrante que esté disponible. En estos casos el extranjero se considera un inmigrante desde la fecha del ajuste aún cuando haya estado en los Estados Unidos durante un extenso período de tiempo. A partir de Octubre de 1994, la sección 245(i) de la INA permitía a los residentes ilegales que eran elegibles para la categoría de inmigrantes, permanecer en los Estados Unidos y ajustarse al estado de residente permanente a través de una solicitud a la oficina de USCIS y pagando una multa adicional. La sección 245(i) ya no está disponible a menos que el extranjero sea el beneficiario de una petición bajo la sección 204 del Acto o de una solicitud para la certificación laboral bajo la sección 212(a)(5)(A), enviada el 30 de abril de 2001 o antes. Si fue enviada después del 1ero de enero de 1998, el extranjero deberá haber estado presente en los Estados Unidos el 21 de diciembre de 2000. Antes de octubre de 1994, se solicitó a la mayoría de los residentes ilegales que abandonaran el país y adquirieran una visa en el exterior del Departamento de Estado como les es requerido ahora nuevamente.

**extranjero.** (*Alien*) Cualquier persona que no sea ciudadano nacional de los Estados Unidos.

**certificado de ciudadanía.** (*Certificate of citizenship*) Documento de identidad que prueba la ciudadanía estadounidense. Los certificados de ciudadanía son expedidos a ciudadanos derivativos y a personas que adquirieron la ciudadanía de los Estados Unidos (ver definiciones para Ciudadanía adquirida y derivativa).

**residente condicional.** (*Condicional resident*) Cualquier extranjero al que se le otorgó el estado de residencia permanente en base condicional (por ejemplo: un esposo/a de un/a ciudadano/a estadounidense; un inmigrante inversor) al cual se le solicita pedir la supresión de las condiciones fijadas antes del segundo aniversario de la aprobación de su estado condicional.

**delito de infamia moral.** (*Crime of moral turpitude*) Un delito que involucra hacer algo mal y que la persona que lo comete debería haber sabido que era incorrecto.

**ciudadanía derivativa.** (*Derivative citizenship*) La ciudadanía otorgada a niños a través de la naturalización de los padres o, bajo ciertas circunstancias, a niños extranjeros adoptados por ciudadanos padres estadounidenses, teniendo en cuenta el cumplimiento de ciertas condiciones.

**provisiones generales de naturalización.** (*General naturalization provisions*) Son los requisitos básicos para la naturalización que todo candidato debe cumplir a menos que sea miembro de una clase especial. Las provisiones generales indican que el candidato tenga al menos 18 años y residencia legal permanente con cinco años de residencia continua en Estados Unidos, haber estado físicamente presente en el país durante la mitad de ese periodo y haber desarrollado un buen carácter moral al menos durante ese periodo.

**residente legal permanente** (LPR). (*Lawful Permanent Resident*) Cualquier persona que no sea ciudadano de los Estados Unidos que esté viviendo en Estados Unidos como inmigrante con residencia permanente registrada y reconocida legalmente. Es también conocido como "extranjero residente permanente", "extranjero con permiso de residencia" y "portador de tarjeta de residencia permanente."

**naturalización.** (*Naturalization*) El otorgamiento, por cualquier medio, de la ciudadanía a una persona después de su nacimiento.

**solicitud de naturalización.** (*Naturalization* application) La forma que usa un residente permanente legal para solicitar la ciudadanía estadounidense. La solicitud es enviada con los Servicios de Inmigración y Ciudadanía de Estados Unidos al Centro de Servicios con jurisdicción sobre el lugar de residencia del solicitante.

**extranjero residente permanente.** (*Permanent resident alien*) Un extranjero que es admitido en Estados Unidos como un residente permanente legal. A los residentes permanentes se los reconocen también comúnmente como inmigrantes; sin embargo el Acto de Inmigración y Nacionalidad (Immigration and Nationality Act, INA) define a grandes rasgos al inmigrante como cualquier extranjero en los Estados Unidos excepto aquél que es admitido legalmente bajo categorías específicas de no inmigrantes(sección INA 101(a)(15)).Un extranjero ilegal que entra a los Estados Unidos sin inspección, por ejemplo, sería definido estrictamente como inmigrante bajo la INA pero no es un extranjero residente permanente. A los residentes legales permanentes se les concede el privilegio de residir permanentemente en los Estados Unidos. Se les puede expedir visas de inmigrantes por el Departamento de Estado en el extranjero o ser ajustados al estatus de residentes permanentes por los Servicios de Inmigración y Ciudadanía en los Estados Unidos.

**residente extranjero**. (*Resident alien*) Se aplica a los no ciudadanos estadounidenses que residen actualmente en Estados Unidos. El término se aplica en tres formas diferentes; por favor refiérase a Residente permanente, Residente condicional y Residente que retorna.

**residente que retorna**. (*Returning resident*) Cualquier residente permanente legal que ha estado fuera de los Estados Unidos y regresa. También se lo define como "inmigrante especial". En el caso de haber estado fuera de Estados Unidos más de 180 días, debe solicitar una readmisión para los Estados Unidos. En el caso de haber estado fuera de Estados Unidos más de un año y está regresando a su residencia permanente en los Estados Unidos, generalmente debe tener una documentación de regreso del USCIS o una visa de inmigrante del Departamento de Estado.

**inmigrantes especiales**. (*Special immigrants*) Ciertas categorías de inmigrantes a los cuales se les exime de limitación numérica antes del año fiscal 1992 y están sujetos a limitaciones en relación a la cuarta preferencia basada en el empleo que comenzó en 1992, las personas que perdieron la ciudadanía por casamiento, las personas que perdieron la ciudadanía sirviendo para fuerzas armadas extranjeras, ministros religiosos y otros trabajadores religiosos, sus esposas e hijos, ciertos empleados y ex empleados del Gobierno de Estados Unidos en el extranjero, sus esposas e hijos, los inmigrantes del Acto del Canal de Panamá, algunos graduados universitarios extranjeros de medicina, sus esposas e hijos, algunos empleados jubilados de organizaciones internacionales.

# Índice

# ACERCA DE LOS AUTORES

**Debbie M. Schell**, JD. Es abogada y autora y ejerce en las Oficinas Legales de Kart A. Wagner. Es miembro de la Asociación de Abogados de Inmigración de Estados Unidos (American Immigration Lawyers Association, AILA) y del Comité Legal de Inmigración y Nacionalidad de la Asociación de Abogados de Chicago (Chicago Bar Association). Su experiencia en inmigración comenzó tempranamente cuando su madre inmigró a Estados Unidos desde Jamaica y su padre vino de Belice. Ha editado libros de formularios legales como también trabajos sobre la ley de asilo. Sus clientes incluyen refugiados como también individuos y compañías en busca de ayuda en temas de inmigración. Asimismo, tiene extensa experiencia en derechos humanos relacionados con empleo y vivienda.

**Richard E. Schell**, JD. Es abogado, autor y cumple funciones como Consejero en las Oficinas Legales de Kurt A. Wagner. Tiene amplia experiencia legal en ediciones e investigación con un editor legal importante como también en áreas de ley internacional, ley de inmigración y ley de agricultura. Estudió leyes internacionales en la Universidad de Notre Dame en Londres. Es también un escritor que escribe con frecuencia y un disertante sobre temas legales internacionales y sobre el desarrollo de pequeños negocios.

**Kurt A. Wagner**, MBA, JD (Magna Cum Laude). Es abogado, autor, conferencista universitario y fundador de las Oficinas legales de Kurt A. Wagner con oficinas en Illinois y Austria. Es miembro de la Sección Legal Internacional de Inmigración del Colegio de Abogados de Chicago y del Colegio de Abogados de Washington, D.C. En el pasado cumplió funciones como Agente Consular del Departamento de Estado de Estados Unidos con experiencia en el procesamiento de visas en las embajadas estadounidenses del exterior. Enseña temas legales en la Universidad de Klagenfurt y en el Instituto Técnico de Carinthia en Austria. Cumplió funciones como Editor en Jefe del Periódico de Leyes de la Universidad de Illinois del Sur.

- 978-1-57248-585-3
- 1-57248-585-X
- 5¼" x 8¼"
- 128 páginas
- $9.95

### Cómo Recibir Manutención de Niños

Este libro explica en lenguaje sencillo los siguientes aspectos:

♦ Entérese cómo elegir la mejor escuela para sus chicos

♦ Aprenda paso por paso cómo funciona el sistema educativo en los Estados Unidos

♦ Aprenda cómo involucrarse en el proceso de aprendizaje de sus hijos

♦ Sepa cuáles son sus derechos y responsabilidades como padre o madre

### Revise los otros libros que editamos en español

Al final del libro encontrará información sobre inmigración, bienes raíces, trabajo y otros temas de interés. Tómese un momento para leerla. Todos nuestros libros se encuentran disponibles en su librería local, bibliotecas y a través de vendedores que operan en el Internet.

# SPHINX LEGAL
## TAKING THE MYSTERY OUT OF THE LAW™

- 978-1-57248-547-1
- 1-57248-547-7
- 5¼" x 8¼"
- 128 páginas
- $9.95

## Ayude a sus Hijos a Tener Éxito en la Escuela

Este libro explica en lenguaje sencillo los siguientes aspectos:

♦ Reúna dinero vencido

♦ El impuesto reintegra

♦ Encuentre a padres perdidos

♦ Respete una orden

♦ Calcule la cantidad debida

### Revise los otros libros que editamos en español

Al final del libro encontrará información sobre inmigración, bienes raíces, trabajo y otros temas de interés. Tómese un momento para leerla. Todos nuestros libros se encuentran disponibles en su librería local, bibliotecas y a través de vendedores que operan en el Internet.